别来沧海事

我的租界往事

汪兆骞 —— 著

中国出版集团　现代出版社

图书在版编目（CIP）数据

别来沧海事：我的租界往事 / 汪兆骞著 . —北京：现代出版社，2021.11
ISBN 978-7-5143-9428-3

Ⅰ . ①别… Ⅱ . ①汪… Ⅲ . ①汪兆骞—自传 Ⅳ . ① K825.6

中国版本图书馆 CIP 数据核字（2021）第 180555 号

别来沧海事：我的租界往事

作　　者：汪兆骞
责任编辑：张　霆　姚冬霞
出版发行：现代出版社
通信地址：北京市安定门外安华里 504 号
邮政编码：100011
电　　话：010-64267325　64245264（传真）
网　　址：www.1980xd.com
电子邮箱：xiandai@vip.sina.com
印　　刷：三河市中晟雅豪印务有限公司
字　　数：166 千字
开　　本：880mm×1230mm　1/32　印　张：8.5
版　　次：2021 年 11 月第 1 版　印　次：2021 年 11 月第 1 次印刷
书　　号：ISBN 978-7-5143-9428-3
定　　价：55.00 元

别来沧海事　言莲

序言
另一个世界：我在天津租界里的童年

在人生羁旅中，童年太短暂，还没来得及打个招呼，就匆匆消失了，于是"往事已成空，还如一梦中"，这是无可逃避的宿命。

但每当想起它，总会卷起往昔的绵绵情怀。它如同一片浮云、一带青山，又恰似一支纯真、清亮的歌谣，快乐并有些忧伤地在自己的精神时空中柔软地回荡、延伸。

童年是个快乐干净的世界，也是一种别样的乡愁。

少年别有赠，含笑看吴钩。童年，学着打量世界，又培植了我对文学的梦想，让我一生九牛莫挽地与文学不离不弃。我干的是编辑行当，终日埋头阅读浩如烟海的文字，精心打捞其中的玑珠，为人作嫁衣裳。桑榆之年，我终于遂了自己的夙愿，写了几本研究文学和文人的小书，希冀能为文学史提供一份个人的证词。我陶然其中，乐不思蜀。

忽有专司出版的友人，非常郑重而执拗地请我写童年的回忆录。我初时婉拒，然而，"古今难免余情绕"，特别是常有童年往事萦绕于心，便开始尝试写童年那些"别来沧海事"。于是，心头便鼓荡起越来越多的童年往事的涟漪……

童年是人生的另一个世界。

人的生活都带有两面性，一方面它琐碎、平庸，另一方面它又蕴含着人性的美丽和力量。而人的童年纯洁无瑕，是一个朝向审美的乌托邦的诗性世界，充盈着人性的光辉与诗意的光芒，正所谓"往事所以鉴心者也，有善恶则省之于内"，由此让人充满向上而生的希望。

我的童年是在天津意奥租界度过的。余生也早，1941年伊始在一栋意大利风格的带花园的别墅里呱呱落地。这座别墅，是我童年的百草园。

意奥租界，是旧中国风雨飘摇之船的独特一角，浓缩了半封建半殖民地的屈辱历史。这里中西文化交融，文脉悠长，各界名人荟萃，其中的少数人有历史局限，但更多的人尚有不能遮蔽的火烬的价值。

文化名人梁启超的家人、清朝遗老华世奎、木斋中学创办人卢木斋、创办含光女中的大家闺秀张淑纯、《新天津报》的爱国报人刘髯公、我的启蒙老师国学社创始人李实忱、我七岁就结交的武侠小说宗师白羽等，都与我家有着千丝万缕的联系。我的家族和亲戚各色人等也都纷纷在别墅登场亮相：混迹军界的牛三姑爷、神秘的身世凄凉的章老师、侠肝义胆的厨师秦爷、抗日烈士之子司机杨二、邻家那位缟高髻戴白花的郭英、为我党搞地下工作的母亲的表弟杨虎、祖母导演的婚姻悲剧中度日如年的叔叔婶婶……他们的出身、个性禀赋、时代际遇、传统背景，不尽相同，但他们以各种因素碰撞，塑绘出并不单纯的色彩，其中不少带有拂衣高蹈、不囿流俗、慷慨任道的精神和人性之美。好风凭借力，送我上青云，我的童年，得到了他们的言传身教。

拒绝记忆被风化，我写下了这部记录童年生活的小书，唱了一曲天真无邪又饱盈意趣和忧伤的悠长歌谣。

这些交织在我童年白草园里的人物，其命运是独立的，又都因我而隐隐相关，有偶然性，也有存在生发的必然。故事中的人物有笑声和甜蜜，又有叹息和苦涩。在追忆他们的时候，童年的我与当下满头白发的我是双重身份，共同叙述，于是，过去和现在、我和熟悉的那些人之间，便有了"永无休止的对话"（爱德华·霍列特·卡尔语）。重返生活现场的真实，让这一切变得和谐统一。

"往者不可复兮，冀来者之可望。"作为作者，在讲自己的童年故事时，会投入更多的热情和心力，甚至，一不留神，让自己的童真里，夹带了对未来的追逐，被物化成"另一个我"，一个活在梦里，与孤独和单调不断抗争着的对自我的重塑。但平心而论，我还是尽力还原了我那本真、质朴、温润却又庸常的童年，在讲自己和别人的故事时，着眼于人物命运的复杂性，把对社会和人性的思考付诸笔端，这或是这本小书的一种价值。

呵，与时代、社会、人生相对应的童年生活，是个多么斑斓的世界，多么绚烂的百草园……

目　录

第一章

向武侠小说大家白羽先生讨说法

我上小学三年级时，借助字典，读了白羽先生的武侠小说《十二金钱镖》，后拿着书去找祖父，说我有话要向您认识的白羽爷爷讨教。正好是春节，祖父就带我到白羽爷爷家拜年。祖父对白羽爷爷说："我这个七岁的孙子，读过您的《十二金钱镖》，对结尾很不以为然呢！"白羽爷爷听罢，兴奋起来："小老儿在这儿洗耳恭听呢！"我说，小说里劫镖的"飞豹子"袁振武，与护镖者"十二金钱镖"俞剑平，斗得血雨腥风，最后胜负不分，正邪难辨，有啥意思。

　　白羽爷爷一怔，说："七岁顽童，真把老夫问住了，不过只能等你再长十岁，咱爷儿俩或可说得明白。"

　　见我不服，回家路上，祖父说："白羽先生是大学问家，与鲁迅交往颇深，是北派武侠小说四大家之一，等你腹中诗书多了，或许能读懂他的小说。"

　　于是，我与白羽先生，有了近二十年的忘年之交。

昨夜下了一场小雪，清晨去厨房吃早点，让我很惊喜，是西红柿牛肉汤和刚出炉的焦脆法国面包。祖父说面包是他遛早时，顺便从法国面包房买回来的。我家天津卫的老厨师秦爷，在一旁用围裙擦着手，不屑地说："那洋面包，就比我烤的螺蛳转儿好吃？"祖父笑道："偶尔开开洋荤罢了。"秦爷把牛肉汤端给祖父，不高兴地走了。祖父说："其实，这洋玩意儿还真不比你秦大爷做的点心好吃。"

每次早餐，饭厅就很热闹，长条饭桌两旁坐着祖父、祖母、父亲、母亲、章老师和我。1948 年伊始，饭桌上祖父和父亲经常互通国共内战的消息。比如 2 月下旬，彭德怀指挥西北野战军完成了对陕西宜州的包围后，正式出击，打响了进入战略攻势的第一仗。西北野战军全歼宜州国民党军近三万人，攻占该城。国民党军在西北战场，已经十分被动。过了些日子，饭厅那台收音机里，播出解放军东渡黄河，进入晋察冀解放区的消息。4 月，又报国民大会举行第十三次大会，蒋介石当选行宪后首任总统，十天以后，李宗仁以微弱的优势争得副总统。6月，国民党军中原防御体系土崩瓦解，解放军在中原地区歼灭国民党军十六万人等。祖父说，解放军在去年提出"打倒蒋介石，解放全中国"，不到半年，国民党军就节节败退，看来，国民党政府风雨飘摇了。

祖母说，在牌桌上，听姐妹讲，香港的民主人士何香凝等致电中共，赞同"打到南京去"。母亲和别人不一样，她劝祖母去看电影《一江春水向东流》，我说我也去看，母亲说小孩子不能看。在饭桌上也有过苦恼，比如8月，国民党政府想挽救濒于崩溃的财政经济，蒋介石行使总统"戡乱"时期的特权，废"法币"，新发"金圆券"。不久，"金圆券"大贬值，祖父说家里资产几乎损失大半。好几天，饭桌上一片沉默。

司机杨二，曾在厨房大骂"金圆券"连擦屁股的纸都不如，发工资时可买十袋面，不几天只能买一袋了！

吃完早点，祖父让司机杨二去办事了，我到二楼书房，按祖父的吩咐写了几篇临柳公权米字格的小楷，就去书架上翻我能看的书。书架上多是线装书，只有一个书架是放新式图书的。我从其中抽出一本《十二金钱镖》。打开书，扉页上有"华堂先生赐阅存念，白羽 丁丑七月"。

1947年初，我刚插班读小学三年级，借助字典，读了《十二金钱镖》。故事热闹，镖银被劫，镖头叫俞剑平，绰号"十二金钱镖"，他邀请武林高手、各路豪杰，联合起来，与劫镖者斗智斗勇。小说写得悬念丛生，高潮迭起，情节扑朔迷离，逐渐揭开那个叫"飞豹子"的袁振武寻仇劫镖的真相。武林缠斗，俞剑平与袁振武终未斗出胜负。作者只在"后记"中交代说，俞剑平探得袁振武的行迹后，"几费周折，幸得窟藏，而已非原数，俞等不得已倾囊赔补，而飞豹子又于淮安，重掀巨案焉"结尾，让我意犹未尽。

有一天，我拿着《十二金钱镖》去找祖父，说这个叫白羽的作者，只讲半拉子故事，没有结局，有点欺负人。祖父笑了，说："这正是白羽先生的高明之处，写个大团圆的胜负结局，不如留个尾巴，让读者去回味，去遐想，去创造。"我听不太懂，说："斗不出胜负，分不出高下，那还是武林吗？真没意思。您认识白羽先生，您带我去拜访，顺便问问结局。"

转眼就到正月十五了。母亲到楼后那间大厨房找到我，我正听秦爷讲"达子楼"里"小达子"的故事。说的是建国道东天仙剧院对过庆达街上的艺术家，精通京剧和河北梆子，名满津门的李桂春的故事。河北梆子，是戏曲的一个剧种，在河北、辽宁、内蒙古、山东等地区流行。河北梆子有名的演员多称达子，再加上名角李桂春艺名"小达子"，于是庆达街李桂春的寓所就被天津人称为"达子楼"。秦爷已讲到河北霸县（今河北霸州）人李桂春，不甘心在码头当小船工，也不高兴被父亲逼着以卖豆腐为生，这个一声吆喝可传半里地的十三岁少年，硬是考上了河北梆子永盛和科班，与魏连升（艺名"小元元红"）同科学艺。

母亲是个戏迷，对京戏和河北梆子很在行，天津各大戏楼经常可见她的身影，祖父常对亲友说："安头"（我的昵称）妈，除了爱安头，就是喜欢看戏。说此话时，有点绕口令似的。母亲常到达子楼，看人家排戏，她管李桂春夫人叫"李婶儿"，熟稔得很。有一次，达子楼经济周转不开，母亲用私房钱借给李婶儿五百大洋，救了急。

母亲走进厨房，笑着对正给我讲达子楼故事的秦爷说："安头爷爷要带他出去一趟，我给他换身行头，您讲到这儿，暂时按下不表，回头再接着说。"秦爷见我有点不舍，说道："少奶奶知道达子楼的事儿，比我还多呢，我这只有鸡零狗碎的，逗你乐儿罢了。"母亲讲故事，太斯文，咬文嚼字，清楚则清楚，只是没趣儿。而秦爷则不然，同样的事儿，一到他嘴里，就活灵活现，话粗糙点儿、土气点儿，但生动形象，引人入胜。听达子楼的故事，就是两种版本，一雅一俗。

祖父见我换了一身法兰绒呢新衣服，笑了，拉着我的手说："元宵之前都是年，跟我去朋友家拜年。"

出我家别墅，向北上建国道，再向西就到了东天仙戏院旧址，1939年重建的"天宝戏院"。戏院身后就是二马路二贤里。祖父敲响一家的黑色大门。开门的是一个四十多岁的女用人，身后站着一位慈眉善目，五十岁左右的先生，他道："汪先生大驾光临寒舍，请屋里坐。"祖父拱拱手，说："白羽先生，我带着孙子，您的小读者，给您拜年啦！"见到白羽爷爷，我有些惊喜，忙鞠躬行礼。

白羽爷爷家是两层小楼，客厅兼书房在一楼，坐北朝南，冬日阳光明亮，屋中间有一花盆铁炉，炉火正旺。东墙前有两个大书柜，柜前有一双人皮沙发、一长茶几。白羽爷爷果然是白面书生，儒雅和蔼。他让女用人端进一盘水果、一盘桂顺斋的点心。白羽爷爷站起来，给我剥橘子。祖父说："我这位七岁的孙子，读过您的《十二金钱镖》，对结尾很不以为然呢。"白羽爷爷显然兴奋起来，把剥好的橘子分给我们爷儿俩，坐下说："读者乃小老儿的衣食父母，对拙作提出意见，是对作者的鞭策呀，大孙子，小老儿在这里洗耳恭听呢！"祖父示意我有啥说啥。我这个刚描米字格的小屁孩儿，竟真的不客气地提出《十二金钱镖》里，劫镖的"飞豹子"袁振武，与反劫镖者"十二金钱镖"，斗得血雨腥风，竟然正邪不分，胜负难定，有啥意思。白羽先生一直笑眯眯地听罢，说："贤孙仅七岁，就能读《十二金钱镖》，还能提出问题，让我吃惊。但我还真的与你讲不清楚为什么安排这样的结尾，等你再过十年，咱爷儿俩或许说得明白。"然后，他对祖父说："华堂兄，咱俩同庚，我为你有这等天资聪颖的后代感到高兴啊！"

在回家的路上，祖父对我说："白羽先生是大学问家，与鲁迅先生有交往，他的意思是，等你腹中诗书多了，对《十二金钱镖》

的结尾会有新的理解。"没有得到作者对小说结尾的明确说明，我的心里仍有所不甘。

《十二金钱镖》很长，祖父说有一百多万字。我断断续续读了一个月。多亏我从五岁时，祖父就给我请了位私塾郭先生，六岁又请我家对门含光女子中学，我们家的特殊一员章老师，每天到家辅导两个小时。我识得的字词，足以让我能顺畅地读这部武侠小说。章老师留学英国，三十多岁，讲英文好像比讲汉语还流利，模样漂亮，衣着华丽。每次章老师到书房辅导我阅读，母亲总特意为她调一杯咖啡，或沏一小壶茉莉花茶。我注意到，母亲对章老师很感兴趣，得空便谈上几句。后来，母亲的穿着，渐渐由旗袍变成呢制长裙，嘴唇也涂上唇膏。她还特别到理发馆将头发烫成荷叶大卷。父亲从东北回来，见状笑了，小声地对我说："整个一个洋贵妇嘛！"

据母亲说，章老师是含光女子中学校长张淑纯从英国聘到学校任教务长的。含光女子中学是1936年，由张淑纯创办。校址正好隔着马路，与我家别墅南门相对。算起来，张校长与我们家是同乡，原籍河北抚宁（今河北秦皇岛市抚宁区），与我老家昌黎比邻。张校长的父亲曾在东北任职，曾是黑龙江省督军署秘书长。张校长伯父张星桂的寓所，就是后来含光女子中学的校址。我祖父与张星桂是朋友。所以张淑纯派该校最出色的老师辅导我。张校长、章老师成了我母亲的有故事的朋友。

读完白羽先生的《十二金钱镖》，我又读了他的武侠小说"鹤铁五部曲"——《鹤惊昆仑》《宝剑金钗》《剑气珠光》《卧虎藏龙》《铁骑银瓶》。五部故事相连，共有一百零九回，二百七十万字。讲的是男女侠客爱恨情仇的命运悲剧。江小鹤与阿鸾，李慕白与俞秀莲，罗小虎与玉娇龙，韩铁芳与春雪瓶，他们在武林中，武艺高强，重然诺，讲信义，都不失英雄本色。诚如祖父引《礼记·儒行篇》所说，他们都具有"可近而不可迫也，可杀而不可辱也"的儒侠风度。我因年纪尚小，不懂爱恨情仇，却对儒侠的精神向往甚切。

我读了白羽爷爷的武侠小说，有时就给厨师秦爷讲，结果发现秦爷不仅是戏迷，还是武侠迷，他喜欢收音机的说书节目，他听过两次还珠楼主的《蜀山剑侠传》。如今听我给他讲《十二金钱镖》，有了瘾，每天吃过晚饭，他总是一边抽他的那杆大烟袋，一边入神地听我讲俞剑平和袁振武。我很有成就感。

天津是在一个大雪弥天的早晨解放的，我亲眼看到回力球南海河里，炸弹把冰轰到半空，又散落下来，枪炮声响作一团，又渐渐平息了，然后见一队戴狗皮帽子的解放军，雄赳赳地占领了租界的马可·波罗广场。

祖父和父亲那时在北平，回到天津是 1950 年秋。祖父去看了白羽先生，他平安无事，1949 年被聘为《新津画报》的社长，因身体虚弱，自任编辑。

新中国成立后，1954年初，私营企业开始纳入公私合营轨道，祖父将一家钢厂和一家毛纺厂捐给国家，并把一部分企业转到北京，主要在北京生活。我父亲作为祖父的助手，也来到北京南小街禄米仓胡同的四合院居住。行前，在我家别墅宴请过一次白羽先生。因民主剧场离我家不远，祖父让我去接白羽先生。那年我刚上中学，十分喜欢文学，已不只读武侠小说，还读了些"五四"以来鲁迅、郁达夫、沈从文、冰心等人的作品及欧美小说、希腊神话。我曾登门请教过白羽先生，他曾重点地给我讲过唐宋传奇等。他还曾将他在香港出版的《绿林豪侠传》赠给我，说此小说先在香港《大公报》连载。负责编此小说的是后来大红大紫的武侠小说家梁羽生。后来，听说梁羽生在给白羽的公子宫以仁的信函里说"我最初写武侠小说，亦是受令尊影响的"，足见白羽先生在武侠小说领域的地位之高、影响之大。巧得很，20世纪50年代末，祖父受委托去香港搞统战工作，这位赞同华罗庚关于"武侠小说是成年人的童话"高见的老武侠迷，真的通过朋友关系，高高兴兴地与梁羽生晤了面，喝了咖啡。已七十二岁的祖父，像孩子般愉快。

请客白羽先生的家宴，不比以前的排场。用人都已有更好的工作，司机杨二也到汽车修配厂上班去了，只有老厨师秦爷无家无业，愿意终老我家。秦爷人老了，手脚不再麻利，但烧菜的本领仍是炉火纯青。那天，他与母亲商量，共做五个菜，有他最拿

手的狮子头、爆炒对虾段、干烧黄花鱼、砂锅清炖湖鸭、阿胶火
腿酿豆腐。主食更让白羽先生惊喜，是秦爷清明摘下的榆钱做的
摊煎饼、白葱几段、一碗五花肉炸黄酱。见我兴奋得大呼小叫，
母亲用手抻了一下我的衣襟。

　　后读大学中文系，我对武侠小说的诞生和发展感兴趣，发现
仗剑挟棒而行的游侠、武士，在周秦时期即已出现于社会生活与
政治斗争之中。韩非的《五蠹》说："儒以文乱法，侠以武犯禁……
此所以乱也。"到了汉代，游侠养士之风盛于世，朱家、郭解、剧孟、
田仲、王公、周庸等，都是当时权行州域，势慑公卿，徒从众多，
声名远播的人物。司马迁《史记·游侠列传》便排斥以往的非议，
给这些人物以很高的评价："今游侠，其行虽不轨于正义，然其言
必信，其行必果，已诺必诚，不爱其躯，赴士之厄困，既已存亡
死生矣，而不能矜其能，羞伐其德，盖亦有足多者焉。"

　　从武侠小说的发展来观察，先秦两汉的典籍如《庄子》《列子》
《管子》《吴越春秋》《左传》《国语》《战国策》《史记》《汉书》等，
都记有论剑之道，有游侠、刺客、勇士的行迹，但只是事涉任侠
者流的片段表述。魏晋时，曹丕《列异传》载干将莫邪的传奇，
干宝《搜神记》载李广神射、李寄屠蛇的故事，南宋《世说新语》
中也描写游侠，此乃武侠小说之萌芽。而开武侠小说之先河的，
是唐人传奇中的奇侠，如《虬髯客传》之髯客、《霍小玉传》之黄

衫客、《甘泽谣》之红线、《传奇》之聂隐娘，都是生动的人物形象，代表古典小说的艺术成就，同时为后世武侠小说的繁荣奠定了基础。宋明无话本，多有关武侠题材、侠义人物的小说，如《水浒传》和《封神演义》。晚清时期，侠义小说更是繁荣昌盛，有《儿女英雄传》《三侠五义》《七剑十三侠》等作品，蔚为大观。

清末民初，掀起武侠浪潮者，非平江不肖生莫属。平江不肖生本名向恺然，湖南平江人，自幼习武，慕游侠古风，广交武林高手，两度赴日留学，怀有强烈的民族意识。其长篇武侠小说《江湖奇侠传》让他暴得大名，其百万字的长篇小说《近代侠义英雄传》更是表现了侠者的民族气节和激越的爱国精神。

接下来，顾明道的《荒江女侠》将侠与情操结合在一起，有爱情之缠绵，却无侠之气概。同时代河北玉田的赵焕亭，以正集八册、续集八册《奇侠精忠传》暴大名于武侠小说之林。1962年，我在大学二年级时读这十六册书，整整耗去一个寒假。我曾向刚来首师大任教的王蒙先生求教。他说没读过《奇侠精忠传》，但对不肖生的《江湖奇侠传》有印象。

《奇侠精忠传》以清乾隆嘉庆年间，朝廷派大军镇压苗族起义为背景，叙述武林高手杨遇春、杨逢春、于益、叶倩霞随军征战的故事。从中可窥见作者赵焕亭的小说之道，是重在表现侠的道义，但他用以烛照人生及侠义行为的道德，是带有市民意识的，缺乏深沉的历史反思，且带有"异术""天书"之类的描写。有趣的是，赵焕亭本人并不习武，不懂枪法剑术，更不谙武林功法，他以写人情世故、人物性格和心理活动见长，人物写得活灵活现，引人入胜。赵焕亭以前人笔记和历史传闻为素材，使北派武侠小说别具风采。继赵焕亭之后，又有"北派四大家"还珠楼主、王度庐、郑证因及白羽，共同拉开了中国武侠小说繁荣的序幕。

我是有幸的，在童年时就与"北派四大家"之一白羽先生相识并一直交往到 1966 年白羽羽化成仙。白羽先生为我开启了一扇武侠小说的大门。

说起白羽先生，祖父最清楚他的人生经历和跌宕命运。

白羽原名宫竹心，比我祖父小一岁，于 1899 年出生于河北马厂，祖籍山东东阿。白羽家境还算殷实，父亲是北洋新军的管带。他幼年到天津读书，稍长又到北京求学，十五六岁即热衷文学，受新文化运动和新文学影响，除了广读中外书籍，还自学日语、英语。1921 年，二十二岁的白羽主动写信给鲁迅。两人相识后，鲁迅将白羽所译的六篇契诃夫的小说介绍给北平《晨报》的孙伏园（主编《晨报副镌》）。后来，六篇译文陆续发表。想当年，鲁迅的代表作《阿Q正传》就是在这里连载的。

白羽父亲去世后，家道中落，白羽失学又失业。为了养家糊口，白羽当过小贩、邮差、税吏和家庭教师。在艰难谋生的境遇中，他写过小说、散文、小品，有短篇小说集《片羽》、小品集《雕虫小草》出版。他在邮局当差时，曾写信给鲁迅，信中表述过生活和创作的艰辛。1921 年至 1922 年，鲁迅七次致信给白羽（那时还称宫竹心），表达对他的关注，并提供力所能及的帮助。1921 年 7 月，白羽写信给鲁迅，向周氏兄弟借书。鲁迅回信说"宣武门内通俗图书馆，新出版书大体尚备"，并告诉他"星期日也不停阅"。8 月上旬，白羽写信求见鲁迅。8 月 16 日，鲁迅回信，希望他"到教育部见访"并告知电话，还对白羽"兄妹俱作小说，很景仰"。白羽到教育部访问鲁迅而未见，又写信给鲁迅。8 月 26 日，鲁迅回信，对未能面谈"非常抱歉"，希望他"如见访，先行以信先知为要"，对他寄去的小说《厘捐局》及妹妹宫莳荷的小说《差两个铜元》，表示"已经拜读了，恕我直说，这只是一种 sketch（速写），还未达到结构较大的小说"。白羽希望鲁迅将此小说推荐给《小说月报》，鲁迅说会"介绍到日报上去"，并告诫"先生想以文学立足"，"以文笔作生活，是世上最苦的职业"。9 月，白羽又写信询问《厘捐局》和《差两个铜元》推荐给了哪里。9 月 5 日，鲁迅致信白羽，告知前者给了《晨报》，后者给了《妇女杂志》。10 月 15 日，鲁迅致信白羽，说"可在本周日下午来寓所谈"，并告之已将白羽译的医学书《救急法》"姑且送到商务馆去一试"。

　　1922 年 1 月 4 日，鲁迅回白羽信，告之交来的稿件已推荐给了《晨报》。2 月 16 日，鲁迅写信给白羽，表示出对白羽总是求助于自己办事，已不耐烦了，帮助不能无限，"也须有能力的力量，倘没有，也就无法了"。于是，白羽与鲁迅再无书信往来。

1962 年冬天，我随祖父去天津访友，又去民主剧场（原东天仙戏院）后身，拜会白羽先生。这之前我系统地研读了鲁迅与白羽的七封通信（皆收入《鲁迅全集》）。话题自然说到白羽与鲁迅的关系。白羽先生说，他在 1921 年，作为一个漂泊在北京的年轻人，挣扎于生存的艰难中，想到了鲁迅，向他求教，请他帮助，于是有了书信往来和耳提面命的机会。一开始鲁迅待他很热情和关心。去拜访鲁迅，一睹大作家和蔼可亲的风采，让他感到温暖和亲切。但因生活实在艰难，为了养家糊口，白羽开始不断烦劳鲁迅看稿、推荐，功利性太强，他还到其寓所倾诉生活艰辛，弄得鲁迅难负其扰，只好断了交往。他理解鲁迅的难处，说："鲁迅先生，我绝不辜负您的教导与期望，一定做一个正派的文学家。"

经努力奋斗，苦苦挣扎，白羽曾任《国民晚报》《世界日报》记者、编辑，衣食已无忧。后来，他回到天津任天津《北洋画报》编辑，孰料家乡发生兵变，母亲卖掉家产，带着白羽的妻儿到天津投奔儿子。白羽只能拼命工作、创作，赡老扶幼，解决一家七口的生计问题。在武侠小说盛行的 20 世纪 30 年代，白羽估量自己的才智，决定到武侠小说领域中闯荡一番。他的第一部小说是《黄花劫》，在报上连载，反应不俗。但他毕竟不熟悉武林行当的内幕，于是找到武侠小说的行家里手郑证因，与其合作《十二金钱镖》上半部。熟谙武侠小说之后，白羽自己独立完成了下半部。1938

年至 1939 年，《十二金钱镖》在天津《庸报》连载，让白羽暴得大名。有的书商鉴于读者喜爱该书，特在书店门前贴出"家家读钱镖，户户讲剑平"的对联。

到戊子年，我读完《十二金钱镖》，对其结尾不满。祖父就说，白羽先生是有意为之。故事一开头就寻找劫镖人，读了十几本，那仇人还是不讲出来，急得你抓耳挠腮，还得往下看，这是白羽先生让你花钱买书的出奇制胜的本领。

到读大学时研究武侠小说，我才懂得此书吸引人的地方，并不全在叙事技巧，也不完全在悬念设置和结构功能的发挥。通常武侠小说是将书中人物分成"正""反"两类，而白羽先生反其道，让现实主义的文学观念照射到小说中，打破人物类型化（二元化）的格局。像主要人物俞剑平、袁振武，既不是扁平化的形象，也不能以好坏界定，他们个个都是"这一个"形象。俞剑平沉着坚韧，老练精明；袁振武桀骜强悍，狡黠斗狠。其他人物已性格鲜明，声情并茂，如闻其声，似见其人。同时他们的性格又极其丰富复杂，机趣盎然，不是一览无余的。比如乔茂其人，论本领不算高，胆气却不小，夸夸其谈，思辨敏捷，好自吹嘘，也敢冒险犯难，但因本事不大，有时又色厉内荏、机诈相向，在对手面前首鼠两端，毫无"英雄"本色。一个市井"青皮"的丑相，活生生兀立面前。白羽的武侠小说，如他自己所说，"我愿意把小说（虽然是传奇小说）中的人物，还他一个真面目，也跟我们平常人一样，好人也许做坏事，坏人也许做好事。好人也许遭厄运，坏人也许获善终；你虽然不平，却也没法，现实人生偏是这样"。其间，我们可看出，他把对社会不公、世态炎凉和黑暗现实的不满，化作小说的血脉。与其说白羽的小说是写武林世界、侠客江湖的恩怨，莫不如说，其间武侠四顾茫然、荆棘遍地的悲凉，恰恰是对现实生活的写照。请注意，白羽总是力求通过人物遭遇，演绎出社会的不公不平和社会冲突的险恶。

此次从北京随祖父拜访白羽先生，那时他已年过花甲，已经金盆洗手，不再写武侠小说了。作为他的书迷，我祖父在北京西城百花深处四合院的书房里收集的他的武侠小说，便有《金钱镖》、《武林争雄记》及续集《牧野雄风》、《血涤寒光剑》及续集《狮林三鸟》、《毒砂掌》、《摩云手》、《联镖记》及续集《大泽龙蛇传》、《剑底惊螟》、《粉骷髅》、《太湖一雁》、《绿林豪侠传》、《偷拳》等几十种，为我研究白羽的武侠小说提供了丰富的原著资源。"文化大革命"期间，这些武侠小说和我写的一些读书笔记，皆焚于百花深处的大院里，名义是破"四旧"，殊为可惜。祖父说，看到白羽先生的书化为灰烬，其他大量善本古籍遗失，他的心在流血。我也说，如果我那些读书笔记不遭焚毁，或许我会写一本关于武侠小说的专著……

那次与白羽先生相晤，白羽先生在建国道的东昇楼请我们爷儿俩吃了顿便饭。席间，白羽先生说："我虽因写武侠小说名于世，但外人皆不知本人却以写作武侠江湖为耻也。"说罢，他端起酒杯，仰头将酒灌到嘴里，接着说，他曾多次写文章自责，特别是新中国成立后，国家教育青少年努力学习，将来建设国家，而自己的武侠小说让他们沉湎于打打杀杀的武林江湖，带来坏的影响。他甚至化名写批评《十二金钱镖》的文章，说它"不过新瓶旧酒，陈陋之作"。见白羽先生如此自责，祖父示意我这个中文系的学生劝慰老者。正好我读了些武侠小说，对其产生和发展有了些心得，加上我曾向我们中文系的教授廖仲安先生请教过一些武侠小说的问题。我向白羽先生谈了我的看法：要历史地看武侠小说，20世纪三四十年代是我国武侠小说的鼎盛繁荣时期，已显露出其创作进入成熟期，武侠小说不是孤立地我行我素，而是吸收了现代文学观和价值观，面貌大大改观。宫爷爷坚持现实主义的文学观念，融进了悲剧意识，打破了武侠人物类型化的格局，对武侠小说乃至对文学创作是有贡献的。宫爷爷应该有自豪感，缘何要自怨自艾呢！祖父捋髯点头，对白羽先生说："听听年轻人的意见吧，我们的观念太陈旧了。"白羽先生略微沉默一会儿，然后又端起酒盅，冲祖父说："来老哥，喝一杯。"六十三岁的老人，略显酒红的脸上有了笑容。

　　1966年早春，3月8日，河北邢台发生8.5级强烈地震。二十天后，中国开始批判《二月提纲》，继2月江青受林彪委托召开部队文艺工作座谈会，宣称文艺界被黑线专政，"文化大革命"的狂飙越来越近。白羽先生羽化成仙，一代武侠小说的高手告别了他钟爱的武侠小说。

"文化大革命"期间，我到天津看望姐姐，顺便从城西赶到建国道，去看看白羽先生的旧居。秋风秋雨中，一切都变得斑驳苍凉，只有残破的大字报充满眼帘。我怎么也忆不起白羽先生衣着长衫，满面笑容的容颜，却突然忆起当年林语堂先生的话，"茶余饭后，手捧一卷《十二金钱镖》，真是乐事"，潸然泪下……

第二章

亲见解放军攻克天津卫

日本投降后，我家又在奥租界兴隆街买了一栋面街的两层小楼，离我们住的意租界那栋三层别墅不远，距我后来就读的小学很近。母亲在此开了文具店，又从她的老家请来"表弟"杨虎管理此店。解放天津时，杨虎竟以地下党身份参与其中。

天津郊外传来隆隆炮声时，我与母亲躲进杨勇和杨二早就在海河北岸回力球大楼南挖的防弹窝棚里。星光下，见炮弹在海河里炸出高高带冰的水柱，又在晨雾里依稀见万国桥上两军肉搏的场面……

天津解放前夕，在国民党军当差的牛三姑爷，偷偷来我家辞行。母亲应国民党军几个士兵的请求，将他们手中积攒得不多的钱，寄往其老家。解放当日，我家别墅为露宿街头的解放军战士送去煮好的热面条。小战士见别墅花园里那座大理石裸体的女神雕像，羞涩地用踩在地上的青天白日旗给她遮体……

　　1945 年，父亲在建国道北与之平行的兴隆街九十九号购置了一栋二层带一小院的楼房。小楼面街，对着成 T 字形南北走向的于厂大街。兴隆街位于海河之东，是天津一条古老的街道，一度非常繁盛。史料记载，明宣德至成化年间，天津有五大集市分布城区。至弘治六年（1493），天津城市商业活动发展，便又在天津城周边添设五集一市，其中有河东一带的粮店后街和与它相垂直、东西走向的兴隆街。据父亲讲，这兴隆街之名与乾隆帝有关。有一次，爱出游的乾隆爷先乘御辇，再驾龙舟巡幸天津，由大学士刘墉随驾，船至三岔河口登岸。乾隆爷率众臣先到望海寺拜佛，又至崇禧观拈香，然后骑御马观赏各地。策骑来到一条街巷，乾隆爷见店铺林立，商贾云集，熙来攘往，一派繁华，似有所思，便问身边的刘墉："这等繁荣之街，何名啊？"刘墉为迎合圣意，便道："尚无名，请皇上赐名吧！"闻之，乾隆爷龙颜大悦，遂赐名"兴隆街"。从此，兴隆街更加繁荣，几乎与海河西的通济集齐名，甚至超过久负盛名的津门通济集。

1900 年，八国联军攻克天津，又破北京，清政府被迫签订割地赔款的屈辱条约。洋人在上海、天津等地建立租界。在天津，英、法、日、俄、意、奥等国分别掠地建了各自的租界。兴隆街以货场大街为界，东段划为意租界，改称"富梅道"，西段属奥匈帝国租界。其将大马路（今建国道南侧）的水坑填平，修了有轨电车，开辟平安街、寿安街、庆安街及今民主道、进步道、自由道西段的道路，使与东浮桥（建成铁桥后称金汤桥）相连的大马路成为一条新的商业街。

兴隆街划给奥匈帝国租界之后，将街南的地段以永租实价卖给了华人，建起一些两层的楼房。我父亲买的楼房，就在其内。奥匈租界有两座影剧院。一座是新东方电影院，后改为东亚电影院，在粮店后街。另一座就是东天仙戏院，在武侠小说名家白羽寓所的北面。京剧和河北梆子表演艺术家李桂春的宅第达子楼，就横在兴隆街和建国道之间的庆安街。我就读四年的第二中心小学，设在兴隆街西粮店前街南口东侧的一座大庙里。出学校西门向北，进粮店前街，不足百步，就是弘一大师李叔同的故居。

后来，听父亲说，他在奥匈租界兴隆街买房产，是为了做生意方便。因从冀东到天津有条水路，船只可在金钟河停靠，于是河北来天津的客商逐渐多起来。后河北两个商人，在金汤桥东开设货栈，取名大昌兴货栈。到这里的生意人，清一色为冀东昌黎、丰润、乐亭、玉田、唐山等地客商。多年后，发了大财的冀东人，都在奥匈租界买地盖房，成为邻里，形成一股足以影响天津商界的重要势力。河北籍的政界名人也云集于此。像直隶河间人，1917年担任过代理大总统的冯国璋，下野后就住在民主道。大沽人，北洋时期任中华民国大总统的曹锟，家住进步道九十四号。1920年出任国务总理的靳云鹏，在大马路二十三号有宅第。曾任北洋陆军总长的鲍贵卿，在平安街八十一号购置中西合璧的豪华花园式公馆。曾任湖北省督军、两湖巡阅使的王占元，在奥匈租界有多处房地产。桐达李家——李叔同故居，就在粮店前街东侧和粮店后街六十号等两处。

　　总之，奥匈租界经济繁荣，政界、商界、学界、军界要人云集，是世界列强在中国租界的一个缩影，从中既可看到富有异国情调的建筑和当时先进的市政设施，又可窥视到资本主义经济畸形繁荣下中国孱弱的国力和凋敝的社会景象。第一次世界大战结束后，德、奥成为战败国。1917年，奥在天津的租界被参战的胜利国之一中国收回。1937年夏，日本人占领天津，兴隆街改称"金汤四道"。

　　1945年，日本投降，"金汤四道"恢复兴隆街旧称。父亲花了二十根金条和一百匹布购得九十九号楼房。那时兴隆街还较繁华。九十九号楼下是办公室，经常有两三位职员坐班办事，楼上是卧室，小院里的两间平房是个大客厅，有时父亲也在此宴请客人或打麻将。在楼梯下，有带抽水马桶的洗手间。偶尔父母在兴隆街西的东亚电影院看夜场电影，或打麻将晚了，就歇息在楼上。我和祖父、祖母从未到这里过夜，祖父说，你父亲在这里做贸易，客户来来往往，太杂。到1948年，父亲到北平帮助祖父管理货栈和工厂，母亲将这里变成京剧评戏票友聚会的场所，经常搞亲朋圈子里的堂会。天津解放后，我在兴隆街西头的天津第二中心小学就读，便常到九十九号。老师让我们听广播里的古代故事，一般同学家没收音机，而九十九号后院的客厅有一台大收音机。老师希望我组织六七个同学定时去听。母亲拒绝了，我们只好多走半里地去别墅听故事。

那年外祖母病重，拍电报让母亲速回卢龙。母亲乘火车到安山车站，被等在那里接站的人扶上毛驴，走两个时辰到外祖父家。

待外祖母病好，母亲便从卢龙带回一个身材壮实的叫杨虎的亲戚，说准备把兴隆街九十九号改成文具店，由杨虎打理。这个二十多岁的年轻人，管母亲叫九姨，不善言辞，却忠厚老实，据说他刚从东北回到卢龙，是我外祖母家的人，读过高中，后到东北投奔亲戚。

母亲和杨虎乘火车从安山到天津，路上火车走走停停，竟用了两天。他背了半麻袋核桃、半麻袋黏黄米，这都是外祖父母带给心疼的闺女的。离别时，大家都流了泪。

杨虎很勤快，也能招待买文具的客人，母亲与他相处久了，发现他很厚道。店里的进出货他搞得顺顺当当，进出账目也弄得清清楚楚。母亲后来就撒手不管了，回到意租界别墅。母亲让杨虎住到二楼卧室，杨虎不去，晚上在店面里支上行军床。他每天把店面和楼上卧室、院里客厅收拾得干干净净。逢年过节，母亲也把他请到别墅。他总是帮助秦爷烧火、洗菜，打下手。从北平乘汽车回到天津的祖父祖母，也很喜欢这个壮实憨厚的年轻人。

这年底，《益世报》报载，八十万解放大军，取捷径，快速突进山海关，包围傅作义的华北"剿总"各部于唐山、塘沽和天津等地。前不久，东北野战军全歼东北国民党军，黄百韬兵团也覆灭于山东碾庄圩。国民党十二万大军全军覆没，黄百韬自戕而亡。同时，淮海战场上，国民党军再丧师二十万。陈长捷的天津守军也岌岌可危。此时天津涌进大量难民。祖父处理完生意上的急事，托人打通关节，由朋友护送出津，然后又由朋友接应，安全回到北平的百花深处寓所。为了祖父祖母的安全，母亲也让杨虎随几个友人护送二老出津。夜半时分，在宜兴埠遇到十几个国民党伤兵，他们持枪勒索路人。危急时刻，杨虎毫不畏惧，径直到为首者面前，附耳说了些什么。那为首的吼了声，一挥手，伤兵便闪出通道，护送祖父祖母的几位壮汉收起短枪，避免了一场冲突。后来祖父祖母说起杨虎化险为夷之事，也丈二和尚摸不着头脑。

1949 年 1 月初，杨虎向母亲告假，说家里有急事，他得回卢龙一趟。母亲给他钱，让他带些干粮，嘱咐一路小心。那时候，战争局势紧张，陈长捷在大兵压境的情况下拒绝向解放军投降，解放大军准备强攻天津。

杨虎背个小包，在大雪纷飞的早晨出了门，母亲追出来，又塞给他一件羊皮坎肩。他给母亲鞠了躬，转身急急地走了。那时，街上刷着的"天津固若金汤……"的标语清晰可见，马可·波罗广场修起的水泥碉堡冷森地矗立。

解放以后，母亲才说，那杨虎并不是亲戚，原是冀东八路军的一个班长，抗战时在卢龙一带打日寇，建立民主政权。外祖父思想进步，到东北跑买卖，经常给驻在这里的八路军偷带稀缺药品和军工器材。村里人都知道，1924年，母亲的婆家与杨扶青出资五百大洋，帮助革命先驱李大钊赴苏参加共产国际第五次代表大会，又在七七卢沟桥事变之后，慷慨捐助五十车皮大豆，支持我军抗战杀敌等，1941年还通过外祖父赠送给卢龙八路军不少物资。抗战胜利后，祖父到东北做药材生意，目睹东北我军攻城拔寨，解放区越来越大，便再不与东北国民党军有贸易往来。经当地民主政府和天津地下党商议，又得到外祖父母的支持，他们以外祖母患重病为由，让母亲回卢龙，面谈相关事宜。母亲到卢龙，见外祖父母的身体都硬硬朗朗儿，见炕上坐着她熟悉的村干部，心里就明白了几分。

母亲回天津时带着杨虎，称是自家亲戚。不久，天津地下党有人与母亲联系。此后，母亲将兴隆街九十九号小楼改成同丰昌文具店，并由杨虎打理门店。实际上，文具店已成了一个共产党的秘密活动地点，在我军解放天津时起了不小的作用。天津解放后，杨虎受命南下，在解放南京前被军统逮捕，与一批地下工作者喋血雨花台。

1952年，母亲与杨扶青夫人去南京访友，曾到雨花台烈士墓去拜谒牺牲的杨虎，寻了许久，未在烈士名录里找到杨虎，让母亲心情沉重。因为，外祖母在去世前对母亲说，那个叫杨虎的孩子，是你爹在东北的二哥的亲骨肉，为了工作方便，民主政府决定不告诉你。母亲拉着外祖母渐渐冰凉的手，说："妈，我一见杨虎那股精神，就认出是老杨家骨血……"

隆隆的炮声，不时从远处传来，我与母亲一直站在纷飞的大雪中，望着杨虎叔叔消失在雪幕里。母亲低身给我拍衣上的雪时，那眼里盈着泪水。

我母亲早就让秦爷备足了粮食油盐和煤炭，杨二帮着把所有的玻璃窗都贴上厚纸条，免得玻璃震碎伤人，还到商店买回铜制的酒精汽炉，它既可烧开水，又可熬粥。年初，别墅院子里挖了坑，放进几个大水缸，储存米面和肉鱼，上面盖上厚厚的木盖。

听收音机说，解放军将在14日发起总攻。那天一早，我和母亲，还有秦爷，抱着棉被褥，带着暖水瓶和酒精汽炉、蒸好的馒头，到马可·波罗广场南海河边的防空洞里去。那防空洞是杨勇和杨二挖的。在土质的海河北岸，掏出两米深、一米半宽的洞，用木柱和苇席支撑，地上铺了木板，洞前有厚木门和门帘。我和母亲、秦爷三人盘腿一坐，还挺宽敞。解放军从 10 时起进攻，隆隆沉闷的炮声由远及近，机枪的响声也可听见。我们点上蜡烛，不久我就裹着被子睡着了。清晨，炮弹就开始往防空洞前的海河里落，我偷偷推开木门和门帘，看到炸起的水柱老高老高，河冰纷纷落下，母亲一把揪起我，按在洞里，紧紧搂住。

天津军事长官陈长捷是城防司令，他极傲慢地拒绝向解放军投降，统领十个整编师共十三万大军守城，修建的防御工事水泥碉堡遍布城市街区。他用的全是美式装备，弹粮充足，叫嚣天津城防固若金汤。为攻克天津，我东北野战军调二十二个师共三十四万人，配备大口径火炮三百三十八门、坦克三十辆、装甲车十六辆，由四野参谋长刘亚楼亲自指挥攻城。

从 1 月 3 日起，解放军进攻天津，至 12 日扫清国民党军外围据点、暗堡。同时，再次向陈长捷发出劝降书，但陈长捷自恃弹粮充足、武器精良、工事坚固，声称与城市共存亡。

14 日 10 时，刘亚楼命令发动总攻，攻城部队实行"东西对进，拦腰截断，先分割，后围歼"的战术，在坦克和装甲部队的配合下，突入天津，破西门，又克东门。

15 日拂晓，解放军攻克天津守军核心阵地海光寺，位于英租界的市政府等地。至下午3时，整个天津解放。国民党军仅支撑了二十九个小时，十三万精锐部队除少数乘舰船逃往台湾，其大部被歼灭，城防司令陈长捷、市长杜建时、军长刘云瀚等被俘。

中午时分，枪炮声渐渐平息，我和母亲、秦爷钻出防空洞，在漫天大雪中走过回力球大楼。到马可·波罗广场时，我见到一个端着枪的国民党兵，倚着墙，低头做瞄准状。秦爷说，你看他胸上的血洞都结冰了，早死了。又经过了一辆坦克，只见履带已断。

回到别墅，秦爷给壁炉点上火，又到厨房生火做饭。过了一个时辰，秦爷做熟了清汤面条，刚端上餐桌，就听见有敲门声，是一小队解放军。见到母亲，自我介绍是班长的战士说，昨夜他们就曾到楼外，想寻个地方睡觉。两天两夜激战，进城后他们被派到这里维护治安，战士实在太困倦了，想找地方眯一会儿，见家里没人，就又去巡街。母亲听罢，立刻把十来个战士请到客厅，让秦爷再多下点儿面条，给他们暖暖身。他们说有三大纪律、八项注意，军纪很严，绝对不能吃老百姓的饭，能有地方睡，已经十分感谢了。他们摘下狗皮帽子，一个个都很年轻，除一个在院里站岗，剩下的躺在地毯上，酣然大睡。母亲拉了我上楼。

就在两天前，有几个驻防在马可·波罗广场附近兵营里的国民党军的年轻士兵，被秦爷带到别墅大门口。秦爷进院找到母亲，那时我正在小客厅和母亲下围棋，因母亲错走一子，全盘皆输，想反悔与我争执。秦爷进来说，他经常去法国菜市场买菜，与马可·波罗广场驻军熟了，刚才路过岗亭，有几个士兵求他帮忙，去邮局给他们的老家爹娘汇点儿钱。不想邮局因解放军攻城，关门歇业，他们急得不行，想让我帮忙，把津贴汇回老家，孝敬父母。他们是抗战后期参军打小日本的，本想胜利后回家种地，没想到国共内战，死活难料，特别想念家乡的老爹老娘，想汇点儿钱，也报个平安。秦爷说："少奶奶想想办法，帮帮他们吧，怪可怜的。"

母亲想了想，就让秦爷把站在门口的四个士兵带进一楼客厅。我跟母亲下楼，到客厅沏上一壶茶。不久，秦爷带着一个年近四十和三个很年轻的士兵进了客厅。他们除了没戴钢盔，几乎一水美式装备，我全神贯注地看他们身上闪着蓝光的冲锋枪和皮腰带上挂着的刺刀和手榴弹，甚至走近一个年轻的士兵，去摸他斜挂在肩上的子弹袋。那个年纪稍长、清瘦却精壮的老兵，用四川话跟母亲说，他是四川人，参兵不久，就参加薛岳指挥的1941年底的长沙保卫战，激战六天，重创日军第十一军，后来又被调到中国远征军，由二〇〇师师长戴安澜指挥，在缅北与日军苦战，抗战胜利后，内战爆发，他调到天津城防司令陈长捷所部固守天津。

我在学校时，曾听赵斑老师说，他许多过去的战友年前调防到天津。他给我们讲了不少他们出生入死打日本人的故事。听这老兵一说，我不再摆弄小兵身上的武器，专注听老兵的讲述。果然，这老兵与赵斑老师是战友。老兵说，他到天津后，即到离这儿不远的天津第二十六小学，找到曾经的长官赵斑。赵长官拉他到东兴楼畅谈送别后的经历，喝了很多酒，又东倒西歪地回到校内僧舍，继续说那些各自的经历，后来睡在一起。第二天回军营，因未按时归队，违反军纪，他受到上级训斥，被撤去排长职务，并禁闭三天。临近解放军攻城，部队一律不得外出，无法请赵长官代给家里汇钱，只好找到驻防不远的我家，请母亲代办。母亲得知他是赵斑老师的战友，就热情多了。他很伤感地说，十年征战，他从未回过四川，父母偶尔有音信，也是劝自己回乡团聚，但一入伍，身不由己。部队津贴不多，他攒了多年，想汇给父母，尽点儿孝心吧。这一仗打下来，生死难料，说着说着，他的两眼已湿润。那三个年轻士兵，一脸稚气，说他们是两年前入伍的，都是河北人，经过两年严格的军事训练，却没上过战场。他们觉得国军装备这么精良，城防工事又这么坚固，守卫天津不成问题。那个有张娃娃脸的小兵，还跟母亲说，离开父母时，他们说，兵荒马乱的年月，窝在家里也没出路，当兵入伍总能吃顿饱饭，等太平了，回家正可以娶媳妇，过安稳日子了。他说，我手里有了点儿钱，汇给爹妈，等攒多了，回家种地娶妻生子。说话时，他脸上浮着对未来无限的憧憬。

最后，母亲答应一定尽力帮他们把钱汇到他们各自的家里。后来，我到第二十六小学僧舍找到正在小屋写东西的赵斑老师，将他的战友去我家及撤销排长的事告诉老师。赵斑老师说，怪不得他一直未再见这个战友。

赵斑老师后来告诉我，他曾到驻军司令部找到原来的长官，替这个老兵求情。长官认出赵斑，也感慨万千，拉着手不断摇晃，然后告诉他，大仗将打呀，军纪不能松懈，打完仗再说吧。临走，长官拿出两听美国罐头和两盒香烟，说了句很伤感的话，"战后我们再相见，或在黄泉路上同行"。赵斑老师落了泪。

　　这几个士兵把几个小布包交给母亲，上面写着收款地址、姓名，里面装有银圆或纸币。他们很感动地向母亲道谢，并把邮费也交给母亲。母亲拒收，又让秦爷回厨房提一包刚出锅的热馒头给他们带上。他们忙给母亲深深地鞠躬，背起枪，眼睛红红的，扭头急急走了。没几个月，解放区通邮，母亲带我到邮局办理这批汇款。

　　第二天，天蒙蒙亮，母亲下楼，见到解放军战士早已将背包整理好，用秦爷烧的开水冲自备的炒面吃。母亲发现一个小战士的左胳膊绷带上往外渗血，忙去取药箱，给他换药包扎。是子弹擦伤，无大碍，小战士红红的脸上堆着天真的笑容，操着东北口音说："谢谢大姨！"接着说在攻打离这儿不远的金汤桥时班里牺牲了三个战友，他的眼里还淌下了热泪。

　　他们走时，把院子扫得干干净净。看到院子里那座汉白玉裸体女神的雕像，那个负伤的小战士好奇而羞涩，小声对母亲说："大姨，给她穿上件衣服吧，你看他们的脸都臊红了呢！"然后，他从街上找来被踩在地上的青天白日旗给雕像盖上。

他们走后，母亲默默地凝视着阴沉的天空下皑皑的白雪，若有所思，自言自语道："死在雪地里的国民党军小兵，受伤的解放军小战士，他们连二十岁都不到，倘若他们的爹娘看到，心会流血的。"

这天深夜，秦爷把母亲叫醒，说牛三姑爷到了楼下客厅。牛三姑爷是我们本家一个三姑的丈夫，日本留学回国后，正逢抗日战争爆发，他投奔了宋哲元将军，到前线抗日。当年，祖父为支持抗战，给国民党军捐献五十节火车皮的粮食，五百多吨。宋哲元将军为感谢祖父的爱国义举，要见见祖父，便秘密派牛三姑爷化装成商人，带人到天津意租界别墅，将祖父安全带到宋哲元将军处。没有酒宴，宋哲元将军率着众长官，设酒案，摆上八大碗。牛三姑爷自告奋勇地斟满酒后，退到后面，宋哲元将军同七位战将，捧起酒碗，高举过头，然后一饮而尽，向祖父致敬。

牛三姑爷有日本留学经历，为人又机警干练，颇受宋哲元将军重用。

1937 年 7 月下旬，宋哲元得知日军已攻下天津部分城池，他派参谋长张克侠、旅长何基沣及守天津的第二十九军三十八师副师长（兼天津公安局长）李文田，"固守天津即行抵抗"，并派第二十九军副官熟悉天津的牛三姑爷，到津督促落实命令。他们到津后，7月28日晚，在意租界北安道西侧的二十号小楼，李文田将军的官邸，参加了"七人会议"。会议主要由李文田主持，紧急磋商对日作战问题。与会者七人除了李将军，有驻小站二旅校长李致远，市保安司令、市政府秘书长马颜翀等。与会者一致决定，趁日军兵力尚未增强之际，攻其不备，消灭入城日军。行动分三路：一路袭击敌海光寺兵营，直捣驻屯军司令部；一路炸毁东局子机场，让日军失去空中打击力量；一路攻击老龙头火车站和北站，控制铁路线，阻止敌增兵。然后七人签名，由牛三姑爷修润定稿的《喋血抗战，义无反顾》宣言书和李文田之通电抗战声明，由《益世报》发表。

次日凌晨2时，袭击战斗打响。牛三姑爷参加袭击东局子机场战斗。后来他描述，在夏夜浓重大雾的掩护下，官兵悄悄摸近机场，先神速摸掉敌巡逻兵，再诱杀狼狗，然后直扑机场，分别给各架军机泼汽油，同时点火。牛三姑爷干脆脱下军装，点火后，再迅速引燃旁边的飞机。顿时机场大火弥天，巨大的爆炸声响成一片，夜空如同白昼。

有的敌机飞行员，侥幸爬上没燃烧的飞机，因慌张操控不当，飞机相撞，化成火团。牛三姑爷说，机场和飞机炸毁了，但训练有素的日本兵仍能进行疯狂的反击，国军伤亡也挺惨重。

老龙头火车站和北站，大梦惊醒的守军还没睁开眼睛，国军的大刀已将头颅纷纷砍下，撤退之前，国军还把第二十九军的军旗插在敌尸横陈的站台上。

因日军在海光寺驻有重兵，防备森严，这里的战斗十分惨烈。国军又从杨柳青调来一个团从侧面突击。保安营由正面强攻。枪声大作，杀声震天，大刀对刺刀，长枪对短枪，撕咬肉搏。敌人和国军的尸体交错，血肉模糊……

战斗进行了十五个小时，在日军的援军赶到，而国军孤立无援的情况下，李文田不得不下令撤出战斗，为抗日保存了一支劲旅。牛三姑爷回到宋哲元身边，受到嘉奖。几次仗打下来，他后来升任团长。

后来，他奉调杜聿明部任副师长。大约是丁亥年，他几次到津公干，每次都会到别墅看望祖父祖母，谦恭而孝敬，两位老人甚为高兴。有一次，牛三姑爷到别墅对二老说，部队要购置军需，款项需要耽误几天才送到，便与祖父商量先支借一部分。当然是一笔大数目，祖父毫不犹豫，带他到汇丰银行支取这笔美元。大约过了一周，牛三姑爷就如数奉还了这笔巨款。那年底，他又到别墅向祖父借三万美元救急。听罢，祖父一笑说，这笔钱现在能买三栋大别墅，但还是借给了牛三姑爷。这一次，竟是泥牛入海，再无消息。父亲问起这笔钱，祖父还是淡淡一笑，牛三姑爷想必有难处了，钱，有时难倒英雄豪杰啊！

此次牛三姑爷登门的时间，正是解放军在1949年1月9日全歼徐州"剿总"副总司令杜聿明所率二十万精锐之师。杜聿明被俘不久，他临阵脱逃，亡命于天津。上个月30日，蒋介石令杜聿明去救被解放军围住的黄维兵团等国民党军，却被解放军团团围住。解放军华东野战军对杜聿明部围而不攻，展开强大政治攻势。

杜聿明所部被围困多日，空投接济不继，军粮极缺，军心动摇，已有部分官兵向解放军投降。被围期间，杜聿明曾收到陈毅司令员的劝降信，部下意见有分歧，陷入战又无力，降又不能，逃又无路的困境。1月3日，蒋介石命杜聿明率部突围，杜知突围无望，遂按兵固守。1月6日，华野十个纵队，分成三个突击集团，分割突击。1月10日，解放军全歼杜聿明部，杜聿明被俘、丘清泉被击毙，李弥逃脱，牛三姑爷随之逃到天津，淮海战役结束。此役，歼灭国民党军五十五个精锐兵团，二十二个军、五十六个师，共五十余万人。

母亲下楼时，我也跟在后头。秦爷见母亲来了，就退回厨房。牛三姑爷面容疲惫憔悴，身穿西服，披着呢大衣，礼帽已摘下来，放在沙发上。他见母亲便站起来，频频点头，然后从地上提起一个黑皮包，说："杨妹妹，我今晚就动身去台湾，接应我们的船已靠海岸。我来，是还从五叔（祖父）手里借的那三万美元，妹妹收好。安头已长这么高了，给孩子留个纪念吧！"说着，他从西服口袋里掏出一支美国派克金笔，塞到我手里，然后站起身，戴上礼帽，笑了笑说："从此天各一方，各自珍重吧。"他拉开门，头也不回地走了，母亲长久地呆住了。

回到卧室，母亲嘤嘤地哭了，不断重复：我真是个心地不善的女人，当初牛三姑爷没还那三万美元，我怀疑人家设计好了骗咱们，可是，在人生危难的时刻，人家还不顾命地来还钱，牛三姑爷是个信守承诺的君子呀，倒是你妈，在人家面前，无地自容……

到了 20 世纪 50 年代，祖父接到牛三姑爷从日本转过来的信，说他一直居住在台湾，因在日本学过经济学，就从事金融工作。50 年代末，生活物资匮乏，牛三姑爷总会从日本或香港给祖父汇些外汇。我家第一台电子收音机和砖头式录音机，也是牛三姑爷托人从香港带到北京百花深处宅院的。祖父受命对台搞统战，他曾持祖父亲笔信交给住台北光复道的阎锡山。可惜阎锡山不置一词。

抗战时，因祖父慷慨捐军粮，声名在外，阎锡山曾派人找到从燕京大学毕业的叔叔汪泰昌，希望他能到其麾下为抗战效力。因太平洋战争尚未爆发，美国没有参加反法西斯战争，美日关系也未破裂，叔叔还在热恋，便拒绝了阎锡山。叔叔同年到河北昌黎老家度暑假。一天深夜，祖上老宅的大门外突然来了几位全副武装的八路军，为首的是中共冀东一位负责人。叔叔把客人引进宅院正房。落座之后，给老宅看院的耿舅爷，端上茶水。负责人开门见山地对叔叔说，八路军是抗日的队伍，冀东地区许多青年人都积极参军抗战，但缺少有文化的年轻人，你父亲爱国之举，令国人敬佩，希望你参加八路军，保卫家乡，保卫祖国。叔叔说，抗击日寇匹夫有责，但我个人尚有些问题须处理，请容我考虑之后再做答复。临走前，负责人很热情诚恳地说：等你的消息。

经过深思熟虑，接受西方教育的叔叔，既拒绝了阎锡山，也未参加八路军，便到美国加州大学读博士。叔叔1946年返国，不久，又与祖父的老友杨扶青去了台湾。杨扶青与祖父都是昌黎人，又都是当地的企业家，他们积累大量财富之后，向全国发展，成为民国时河北企业商界名人。20世纪40年代，祖父投巨资，成立汪华堂奖学基金会，勉励资助贫寒有才子女读书、留学。在政府任次长的杨扶青成为基金会的秘书长。解放后，他当了水产部副部长。后来，在台湾，叔叔与阎锡山在台北成了邻居。解放后，杨扶青爷爷与我们家在北京遂安伯胡同也成了芳邻。后来，回忆这段经历时，祖父说："这就是生活！"那时，我已到北京第六十六中学读高中，与母亲住在东城遂安伯胡同外祖父留下的独门四合院里。不久，母亲当了那里的治安主任。一天，她带着居委会的姐妹，去胡同东面市委书记处书记邓拓家对门去检查卫生，在水产部家属院里，意外见到水产部副部长杨扶青和夫人，双方先是一怔，然后母亲与杨奶奶就抱在一起，哽咽起来。她们可是多年的过命的亲戚呀！抗战时期，日本人要抓她的父亲，她便和父母躲到天津我家的别墅，住了一段时间。因日本与意大利都是轴心国，日本对意大利租界非常照顾，她父亲化名与我祖父在意奥租界商会注册做生意。后来，她父亲逃离日本人的追捕，捐助抗战前线的将士很多套棉衣。

其实，在百花深处住的祖父，早知杨扶青爷爷住在遂安伯，并和父亲多次到访，考虑杨爷爷公务在身，怕我们常去打扰，就没告诉我们。

第三章

神秘的章老师和一块古玉

三四岁开蒙前，由母亲教我识字背诗，我的第一个启蒙老师是天津国学研究社创办者李实忱。他曾任江苏督军公署参议、江西省省长，权倾一时，五十三岁辞官回津，被各界推为天津绅商临时委员会委员长。日本占领天津，他誓不事敌，守住民族气节。

我由祖父带领，初访李爷爷，见他满面红光，胡须雪白飘然，仙风道骨。

李爷爷笑着问我："可读过什么书吗？"

我说："清代孙洙，别号蘅塘退士编的《唐诗三百首》，母亲教过。"

老人眼睛亮了："那蘅塘退士原序呢？"

我答："会背，但不懂。"我接着就背诵。

老人站起来，笑着对祖父说："孺子可教也，我来为贤孙开蒙。"

我家的神秘人物章老师，又主动给我开希腊神话、伊索寓言的课程。

　　两位师长分别给我开启了中国古典文学和世界文学的两扇大门。

　　章老师有一块古玉，母亲说，那里有关于她身世的秘密……她的身影贯穿了我的童年，但我至今无从说出她身世的真相。她的身世，只有祖父知晓，但他为了对友人的一个承诺，始终守口如瓶，一直将秘密带到天国，去见他那位并不招人待见却在历史上赫赫有名的大人物。

三四岁开蒙之前，母亲便零零星星地教我识字背诗。那时意大利和日本因是轴心国，意大利租界相对太平些。槐花开时，马可·波罗广场不再寂静。像我这么大的孩子，由父母带着坐在弥漫花香的槐树下的长椅上，背唐诗，是一件很惬意的事。母亲说我记性惊人，读两遍我就能背下来。我当然不懂诗歌的意思，只是机械地硬背。每次吃饭，母亲照例要我给祖父祖母背上一通，常常博得大家喝彩。

　　我真正开蒙，是四岁半，槐花快落了，别墅院里正是"五月榴花照眼明"的时节。第一个先生叫李实忱。一天，祖父领着我去河东路进步道。路上，祖父告诉我，李实忱老先生已七十多岁，是天津国学研究社的创办者。他比祖父大二十多岁，系天津人，保定将弁学堂毕业，曾入仕为官，如九江镇守使、赣南镇守使、江苏督军公署参议、江西省省长，权倾一时。他五十三岁辞官回津，经营盐务并热心公益活动，市面上有不公事件发生，他会秉公相助、伸张正义。1928 年，北伐军攻抵天津，被津门各界公推为天津绅商临时委员会委员长。正赶上祖父有一批药材在天津站被扣，祖父托人找到李实忱先生，得其关照，药材顺利运往东北。七七事变，天津被日军占领，李实忱先生不受日寇利诱，誓不事伪，隐居不出，守住民族气节。

我们爷儿俩到了李实忱宅第，敲开大门，由用人带到一楼客厅。七十多岁的李老爷爷笑着站起迎客，祖父先鞠躬问候，叫我也施礼鞠躬，然后落座。李老爷爷略胖，满面红光，胡须雪白，有点仙风道骨。

祖父对李老先生说："吾孙已快五岁，我和他父亲忙于商海琐事，无暇教育孩子，望先生从国学社荐一先生给开蒙。"

李老爷爷笑着问我："可读过什么书吗？"

我说："清代孙洙，别号蘅塘退士编选的《唐诗三百首》，母亲教过。"

李老爷爷闻之，眼睛立刻亮了，又问："可读过蘅塘退士原序？"

我说："我会背，但不懂。"

我接着背道："世俗儿童就学，即授《千家诗》取其易于成诵，故流传不废。但其诗随手掇拾，工拙莫辨，且止五七律绝二体，而唐、宋人又杂出其间，殊乖体制。"

李老爷爷接下去背曰："因专就唐诗中脍炙人口之作，择其尤要者，每体得十首，首三百馀首，录成一编，为家塾课本，俾童而习之，白首亦莫能废，较《千家诗》不远胜耶？"

李老爷爷背到这里，打住了，问我："为什么蘅塘退士说，比起《千家诗》，还是读《唐诗三百首》好呢？"

我顺口接道："谚云'熟读唐诗三百首，不会作诗也会吟'呗。"

李老爷爷突然站起来，拉起我的手，对祖父说："贤侄，此后生，由我开蒙！"

一个下午，祖父带我去李老爷爷家，在老人家的书房举行了开蒙仪式。我身穿深蓝色小中式长袍，外罩一红坎肩。李老爷爷身着黑色绣金团缎长衫，戴黑缎小帽。客人有国学研究社的几位讲师。我祖父和杨扶青爷爷、章老师及母亲在场。墙上特别挂了于右任的楷书条幅"自行束脩以上，吾未尝无诲焉"。于右任是著名报人、大书法家，光绪二十八年（1903）举人，后曾创办《神州日报》《民呼日报》《民吁日报》《民立报》等，宣传革命，持论激烈。李老爷爷在太师椅上端坐，我跪地磕头三拜。然后我将点燃的三炷香，插到孔圣人图像前的宣德炉里。开蒙仪式完成，大家鼓掌祝贺。

从此，每周两天我被送到李实忱老爷爷家读书，教材就是蘅塘退士编选的《唐诗三百首》。李老爷爷的书房在一楼西侧，大书桌前，设一小桌、一小椅，我们师生相对而坐。李老爷爷讲唐诗，尽量避免咬文嚼字，不做烦琐串讲。凡典故，皆讲故事说明含义，基本不做引证，而是着重讲一首诗的诗眼，着重讲解关键字词。

这样，给我这个五岁孩子扫除了诗中障碍，调动了我的想象能力，让我初懂诗的魅力。

比如讲李白《春思》：

燕草如碧丝，秦桑低绿枝。

当君怀归日，是妾断肠时。

春风不相识，何事入罗帏。

李老爷爷说，春天小草和桑叶都绿了，有个北方年轻的媳妇，想到就要归来的丈夫，真是悲喜交加，肝肠寸断。这个我懂，他不多说，而是把重点放在"春风不相识，何事入罗帏"上。说小媳妇想郎君，想得切啊。她抱怨不识相的春风，在我做着与郎君亲热的春梦时，你却无端闯进罗帐，把好梦搅散了。男女之情，你这小东西，哪里懂啊。

李老爷爷每天讲一首唐诗，要求当天会背。然后就是让我每天要描十张柳公权的红模子，教我端坐、握笔、用笔要领。

大约教了我半年，李老爷爷社会活动太多，就和祖父商量，特别私塾就收场了。他跟我说：你蒙已开了，我肚子的诗书也用尽了，就请你祖父另请高师吧！私塾结束后，我有机会还会到李老爷爷家去玩，后来我读了《十二金钱镖》，还上门给李老爷爷去讲。李老爷爷似乎不感兴趣，说："白羽我认识，他写武侠小说无可厚非，但腹中诗书少了些。贤孙莫向他学，你天赋异禀、博闻强识，今后研究国学，或有成就。"

李实忱老爷爷1952年病故，享年八十三岁，在当时算高龄喜丧了，我祖父已和父亲定居北京，我和母亲参加了李实忱老爷爷很隆重的葬礼。章老师让我献上一束鲜花，这让我在葬礼上备受称许。

我第二位老师，是我家的特殊人物，别墅对门含光女子中学的章老师。章老师留学英国，是个新潮漂亮的女性。

说说含光女子中学。它是意租界唯一的一所女中。成立于1936年，是原籍河北抚宁的张淑纯（字允中）女士创办的。校名"含光"，取《周易·坤》"含弘光大"句。坤，妇女代称，"含""光"象征女性前途远大光明。其校训是"真诚朴穆，敬正纯忠"，寓意妇女也应戒奢侈、忌享乐、重责任、守人格、爱国家、事民族。

祖父说，张淑纯老家与昌黎比邻，有同乡之谊，其父住齐齐哈尔，曾在东北军界供职，还任黑龙江督军署秘书长。祖父在昌黎做贸易时，主要市场在东北，曾和其父有过交谊。张淑纯高小毕业后，未在齐齐哈尔继续就读，于1922年请专馆女教师授课。

1931年，张淑纯到天津意租界居住。1937年，天津沦陷，有些学校被迫停课，张淑纯便生了创办女中的想法。她找到本家伯父张星桂商量。张星桂原本对教育事业就很热心。张星桂的住所与我家门对门，他与祖父早就相熟，听说过我祖父在昌黎捐巨资，成为河北名校昌黎汇文中学的校董。祖父在 1937 年汇文中学校长徐维廉不辞而别的情况下，保持昌黎汇文中学正常办学。如今，学校改为昌黎汇文中学高中部。2019 年，经相关部门批准，以我名字命名的"兆骞书院"，在老汇文中学南门拔地而起，为了纪念我祖父汪华堂对汇文中学的贡献，特在校内我家老宅的旧址重建了一个略小于老宅的独门院落，供我休养、写作。

1937 年，张淑纯以我祖父为榜样，决心办含光女子学校。其伯父久居天津意租界，也热心于教育，爷儿俩一谈，其伯父便促成张淑纯办学之宏愿，特将位于民生路，离我家别墅不远的那座大别墅腾出来，作为含光女子中学的校舍。

在建校过程中，张淑纯得到了住在意租界名流，如我的启蒙老师李实忱等人的帮助。办校需在意大利租界当局领事馆备案，我祖父与他们熟悉，曾为此向他们打过招呼。李实忱先生致函意租界领事馆华人秘书董省三，请求帮助，又请意工部局华人秘书郭志卿斡旋疏通，并提出请董省三和郭志卿二位出任校董，以此获意租界领事馆备案。

含光女子中学，由张淑纯任校长，其伯父张星桂出任董事长，请名流李实忱任名誉董事长，又请意租界名人吴杰民、单博人等任董事。由这几位连同张淑纯，组成董事会。我祖父正与杨扶青紧锣密鼓地筹办汪华堂奖学基金会，没有加入董事会，只是捐助银圆五千枚，供女中购置设备。祖父与张星桂、李实忱、张淑纯，曾开会，推敲由张淑纯本人撰写的校歌：

同学须知吾侪责任綦（qí）重，吾侪人格要自崇！要自崇！

专在乎青年读书努力用功！努力用功！

良师指导，如坐春风时雨之中，益友切磋，厥效收于观摩潜攻，真诚朴穆，敬正纯忠。谨蹈勿越壹乎其校风。

三津之上，亚洲之东，含弘光大，懋哉我黉宫。

校歌请人谱曲，每天早操前，集体高歌。

到了1945年，女中已发展成初中三个年级，高中三个年级，校舍已不敷使用，张淑纯校长在四马路（今光复道民族路口），以三十根金条买了一座八楼八底楼房做新校舍。为此张淑纯校长负债办学，经由社会各界帮助，如京剧名角尚小云义演募捐，校董捐钱等办法，到1948年方还清债务。

新校舍正好与我家光复路路口别墅门对门。祖父在别墅时，张淑纯经常过来聊天，有时打麻将，我经常去女校玩耍。女校办夜校，母亲每晚总带着五岁多的我，一起到女校教室，作为唯一的男性和二十多位姑姑奶奶坐在一起，听高年级勤工俭学的姐姐们讲课。母亲认识从英国留学回来到女中当教师的章老师之后，二人很投缘，就与张淑纯校长打了招呼，聘为我的家庭教师，母亲说"章老师也是我的老师"。每次章老师下午 4 点来上课，母亲总是坐在书房，边听边记，比我用功多了。那时母亲已快四十岁，章女士三十出头，秋天着一身深灰色薄毛料西服套裙，显得体态窈窕而"摩登"（那时天津称时髦洋气）。母亲说，章老师脸椭圆形，下颏儿尖尖，面容白皙，不仅美艳，齐耳荷叶短发也显得年轻干练。母亲还说："你闻到她身上那股淡淡的香味儿吗？那是法国香水。"母亲一人在家，把我当成谈伴儿。她在空荡荡的别墅里，寂寞呀，难怪她离不开收音机、《益世报》，特别是昆曲、京戏、梆子、评剧。与章老师接触多了，母亲比以前注意化妆，还把头发烫成荷叶大卷。她衣着也越来越精神，偶尔穿上阴丹士林的旗袍。章老师见了，笑着说："大姐挺漂亮呢！"秦爷也奉承起母亲："少奶奶，让人认不出来了！"

按照杨扶青爷爷的建议，章老师给我深入浅出地讲希腊神话，包括神话故事和英雄传说。所以很早我就熟悉了古希腊神话中那个庞大的神的家族。什么众神之首宙斯、海神波塞冬、太阳神阿波罗等。九个缪斯是文艺女神，三个摩伊拉是命运女神。在我的印象中，以宙斯为首的诸神，都喜欢捉弄人类，多次毁灭人类，古希腊人常在神话中嘲笑神的不公和邪恶。我喜欢那个把天火盗到人间，教人如何造屋、航海和治病的普罗米修斯。当章老师讲到宙斯把普罗米修斯钉在高加索山上，每天放恶鹰来啄食他的肝脏时，我哭了，母亲也流了泪。

章老师还给我讲丑陋却绝顶聪明的奴隶伊索写的寓言。我至今还记得的《狼和小羊》这则故事。我记住了章老师的话："暴君永远不缺少借口。"《农夫和蛇》让我懂得对坏人不能仁慈。《猫和鸡》讲的是对不善良的人要提高警惕。还有《龟兔赛跑》《乌鸦狐狸》，前者告诫不要骄傲，后者讽刺虚荣心。伊索寓言有故事，善比喻，形象生动，具有很强的启发性和教育意义。当时女校还有"含光女子剧社"，章老师是导演，据说她还请过南开中学校长张伯苓的弟弟、戏剧导演张彭春任女子剧社的名誉社长，让这位发现曹禺戏剧天赋的名导演，帮助章老师排演过莎士比亚的《罗密欧与朱丽叶》、易卜生的《娜拉》。剧作演出时，轰动学界。章老师还排演过《卖火柴的小女孩》，演出时让我和母亲去看。

希腊神话、伊索寓言给我开启了一扇西方文学的大门，从此我开始接触外国文学作品，积累了大量阅读西方文学的经验和读书笔记。到 2018 年，我撰写了《文学即人学：诺贝尔文学奖百年群星闪耀时》一书，对从 1901 年至 2018 年一百一十多位诺贝尔文学奖得主，都做了认真的研究和诠释，权当是我从小阅读世界文学的学术成果。我一生浸淫于东西方文学的海洋，这对我的文化人格的形成具有重要的影响。

章老师是 1949 年 1 月，在隆隆炮声可闻之时，乘海轮远去台湾的。

行前，母亲为她饯行。秦爷为章老师做了四个菜，战时物资匮乏，庭院的缸里还储存了一些肉、鱼。主食是清汤蟹黄面。这可是秦爷享誉津门的绝技。食材主要是小泥蟹。小泥蟹每到深秋，便出现在海河东岸土质的河堤上。不多，但随处可捕。每到这个时节，秦爷只提个空的加拿大兵船面粉布袋，就从金汤桥南侧下岸，用木棍朝泥岸一掘，一只核桃大小的蟹就扔进面口袋，从不失手，如同捡落地的红枣。一个时辰，面口袋就装满了。背回光复道别墅，将核桃大小的蟹往大铁盆里一倒，用水冲洗之后，盖上木盖，一天之后，那些核桃大小的蟹吐去泥沙，再仔细冲洗，弄干净后，活着放进小口的缸里。将蟹码一层，撒上一把大盐，再放一层活蟹，撒一层大盐，等填满缸，用做伞的油布将缸口蒙上，用绳系紧，放在别墅石廊外。四个月后，快春节了，它们便被派上用场。秦爷从缸中弄出十几只，用凉水稍一冲洗，剥去蟹壳，将里面橙红色的蟹黄过油，放上作料，盛在玻璃汤盆中，再将之浇在刚捞出的面条碗里，稍加搅拌，浓郁的蟹黄之香，便扑鼻而来，吃上一口，清爽鲜美。有一次，祖父宴请意租界领事馆华人秘书董省三。吃惯西餐和意大利面的董省三，吃过几道炒菜，忙说"佳肴、佳肴"，再端起蟹黄清汤面，不禁大呼小叫："鲜，实在鲜，天下第一面嘛！"

章老师也是吃惯牛排龙虾的人，吃起此面，也是赞不绝口。她向秦爷请教，秦爷一说，她笑道："上帝呀，这么麻烦啊，但不得不说，美食在民间。"

那夜，章老师吃过蟹黄清汤面，就住在我家三楼朝阳的客房里，母亲与她长谈，彻夜未眠。母亲和章老师在那不眠之夜，谈了些什么，母亲一直讳莫如深。直到我读大学时，母亲收到途经香港的一笔美元，说是含光女中章老师汇来的五千美元。在那时，这是一笔巨款。20世纪50年代初，老舍从美国回北京，只花五百美元就购置了距我家遂安伯胡同不远的西灯市口丰盛胡同十号那座有名的"丹柿小院"。后来成为我就职的《当代》主编的秦兆阳，也是20世纪50年代初，用六千元人民币买下北池子北边的一座两进四合院。

为了不让我挨饿，母亲在1960年底将美元兑换成了一万多元兑换券，可到建国路友谊商店购买各种食品和用品。母亲在我死磨烂缠的追问下，只讲了她和章老师分手时的情景。母亲不提细节，只说章老师说，朋友安排她第二天乘最后一班邮轮去台湾。母亲问她需要帮忙否，她说带黄金不方便，能否给她折合成美元。于是她留下两条黄金（十小两一条，折合三百多克），母亲给她两千美元，她死活不收，只收一千美元。母亲有些生气，硬将钱缝在她的内衣里。临走时，她摘下胸前一块古玉，说这玉是她母亲留给她的秦时古玉。此古玉式样古雅，做工亦极为精奇，纯洁无瑕，通体温润，浑然一色。她塞给母亲，母亲不要。章老师愤然道："你若不收，就当我没有你这个大姐。"

因家里的汽车祖父用了，清晨，章老师和秦爷分乘两辆三轮车，拉上行李，就奔码头了，约好不必相送，只派秦爷护送至码头。母亲在三楼，目送她远去。

直到中午，我放学回家，母亲为我煮了碗面，望着阴沉的天说："从此海峡相隔，我们姐妹或许再无缘相见了。"然后问我："你读了那么多唐诗宋词，背一句表现我现在与章老师离别心情的诗。"我想了想，就说："《诗经》有'瞻忘弗及，伫立以泣'，可形容您现在的伤感。"母亲没反应，我又背了江淹《别赋》之"春草碧色，春水渌波。送君南浦，伤如之何"。母亲摇头："不贴切，明明是严冬时节，我又没有去送。"因战时电管制，屋里点了几支蜡烛，我随口背诵杜牧《赠别二首》之"蜡烛有心还惜别，替人垂泪到天明"。

母亲破涕为笑："这诗似是为我而赋，环境、心情都在其中了。与那些为赋新词强说愁的诗不一般。"

母亲又说："我父亲腹中诗书不多，但唐诗宋词还是张口即来的，要命的是他教我背诗，从来不讲解，让我一辈子吃亏。"

正说着，秦爷回来了，报了平安，并将章老师在码头等船时写的一张便笺交给母亲。母亲没看几句，就掩面抽泣起来。后来，得到母亲的允许，我读到了章老师用钢笔写在笔记本撕下来的纸上的信：

　　阿姊：还没登船，就想你了。我真的舍不得离开你！我的生命注定要一辈子孤独地流浪漂泊。初与母亲远渡重洋，到英国求学，母亲离我而去，我又告别英吉利海峡，孤身回到天津，幸福地结识了阿姊，你用爱和体贴驱赶了我可怕的孤寂，你的大家庭让我体会到家的温暖，我可爱的聪明的小侄，给我带来许多快乐。但是如史蒂文森所说，"人生不是完全按舞台上的原则办事的"，自有他的宿命。注定一生漂泊的我，又踏上茫茫的旅程，果真如瑞典的霍尔斯陶穆所说，"人生的无常，原是人类生活的共相"吗？我不抱怨生活，但我惧怕孤独。阿姊，我们相处的日子，将伴我流浪漂泊。"人生寄一世，奄忽若飚尘。"阿姊，在邮船没有起锚前，我的心还沉浸在你的笑容和气息之间，阿姊，我祈祷船晚一点起航，远方的寂寞会吞噬我……

　　　　　　　　　　　　　　小妹章草　戊子冬

读完，我的眼泪也倏然而下。

母亲问秦爷章老师到码头和登船的情景。秦爷如实禀告，说含光女子中学的几位师生，也赶到码头送行，其中有位老师的弟弟，还给章老师送了束鲜花，说鲜花金贵，天津只有法国菜市场和小白楼英国商店有，意为送花另有深意。

母亲愿闻其详。秦爷讲了几件事，更引起母亲的兴趣。有一次，秦爷到法国面包房给我买巧克力面包，交钱出店时，看到章老师和那个送花人一同说着洋文，也进店。有一天，我要母亲陪我去书店买书，母亲说有事要办，就叫秦爷陪我。秦爷说，那是个星期天，书店人多，少爷只顾选书，我就坐在书店门口等着，远远看见章老师和送花人进了马路对面一家英国餐厅。还有一次，天下着小雨，秦爷买菜，看见章老师由送花人撑伞护着走进金城银行……

母亲听罢，并不惊讶，只问秦爷吃午饭没有，秦爷一笑，说吃了一顿羊肉包子。秦爷回去休息了，他从清晨到现在，已经忙了八个小时。我却对秦爷提供的消息感到不解。母亲与章老师亲如同胞姐妹，章老师那时作为一个年近三十岁的漂亮时髦的知识女性，谈恋爱实属正常，也是件喜事，但为什么不告诉母亲呢？

问母亲，她只是淡淡地说，她不是那种总去窥探别人隐私的人，况且，秦爷所提供的只是现象，无法做出什么结论。

母亲说得没错，章老师若堕入爱河，以她的半个英国人的个性，绝不会隐瞒。但我总觉得母亲在隐瞒什么。后来我才知道，祖父没有把章老师的事完全告诉母亲。

直到我读大学，母亲才讲了些关于章老师的事。章老师到台湾不久，给母亲写了信，说她已安全抵达台北，住到了叔叔汪泰昌在台北光复道的寓所，叔叔在不远处为她买了一幢两层小楼。她说这里豪华舒适，但一个人住，继续孤独着云云。

母亲只好说，章老师是祖父朋友的女儿，因家门纠纷，就委托祖父抚养，且对其一生保密，祖父从此视这个可怜的女孩儿为己出，倾其一切将其抚养成人。那个送花的人，是祖父雇的保镖。

祖父在我放寒假时，带我住到香山饭店，他当时受命搞海外华人的统战工作，写信给世界各地的华人领袖。休息时，他给我讲了关于章老师的惊天秘密。

祖父先约法三章，要我一定保守秘密，不得与任何人讲。得到我的保证后，祖父说，这当然不是什么政治秘密，但关乎我们的一种契约精神、一种道义和责任，也是兑现一种承诺。受人之托，忠人之事。

祖父从皮包里取出章老师送给母亲的那块古玉，说这玉是秦国宫廷里的东西，你的章老师能有这样的宝贝，说明她的出身一定不同凡俗。从玉说起，事情就引出来了。这古玉是东北王张作霖手下一位爱将的爱物。1920年，吴佩孚公开谴责安徽安福系，直皖大战一触即发，东北奉系派首领东北王张作霖应徐世昌的邀请，充当调停人，入京调解。二十多天后，北归的吴佩孚部到达郑州，在郑州、许昌、驻马店和新乡等地部署了兵力。7月7日，吴通电，称安福系"毒瘤四海，腥闻于天"，安福当道，国难难平，卖国者不除，岂能长治久安？吴提出："召集国民大会，以真正民意公决。"

此时，在京的段祺瑞亦积极备战，他命徐树铮的边防军固防北京近畿，命马良的陆军第二师团，随时准备从侧面攻击郑州。

直皖双方剑拔弩张之际，大总统徐世昌想找个避免战乱、解决时局问题的办法。他电召曹锟、李纯、张作霖三人进京商量国事，曹、李托词不见。6月13日，张作霖带着一肚子盘算，以调停者身份抵达北平前门火车站。他先访徐世昌大总统，又访靳云鹏，后访团河段祺瑞，再访保定吴佩孚，回京再访徐世昌。他同意徐世昌提出的由周树谟组阁的折中方案，孰料直皖两方却不感兴趣。张作霖见调停无效，于7月8日离京返奉。

张作霖在京这二十几天，疏于管束手下，他的爱将干了一件风流事。一天晚上，他到王府井东安市场北的吉祥戏院看昆曲，见舞台一花旦不仅唱念做打皆好，扮相也极俊俏。曲尽人散之后，他命副官请花旦到六国饭店吃夜宵。席间，那草莽军爷见卸装后的花旦模样俊秀，年纪不过十八九岁，便春心荡漾，借着几杯酒入肚，向副官使个眼色，硬把小花旦诱到客房。第二天酒醒之后，副官偷偷报告，那小花旦原是一王府的格格，老王爷吃喝嫖赌，散尽家产，卖了王府还债，格格自小随福晋听戏，后成票友，见家境败落，硬着头皮下海，才登台没几天。这位军爷为自己的孟浪花了一笔大钱，封了破落的王府一家之口。有了钱，格格不再登台，两个月之后，呕吐不止，去医院一检查，得知怀孕了。王爷托人给张作霖带个密信。张作霖见后，非常不悦。张作霖是当时军政界响当当的大人物，不希望这件事影响大业。于是他想到了河北的年轻奋商汪华堂，十九岁就把大宗南方药材运到东北，又把几百吨东北大豆、高粱运抵北京、天津，二十二岁敢独自一人闯张大帅府，执意要见大帅，见面之后，称已为大帅赶制了十万件军棉服，只收市场价格的一半，可使大帅省十万大洋。那张作霖验过棉军服，皆是天津正经制衣厂缝制，做工精良，货真价实。从此，他对这个年轻奋商刮目相看，待若贵宾，前不久，汪华堂又在沈阳开设一家被服厂。东北军的军衣、被袄、鞋袜、毛巾、棉手套等或可有了买家。祖父曾说，张作霖是个处处精打细算的军阀。

祖父接到张作霖电报，火速赶到张大帅府，张作霖向他交代，一定要在极端保密的情况下替他爱将保护好其血脉。张作霖最后说："此事你知，我知，神鬼不知。"他们商量妥了，由祖父代之落实。孩子长到六岁，正是张作霖坐镇北京之时，母女被神不知鬼不觉地由人保护着乘邮轮到英国伦敦，住进别墅。不久，一位英国律师出现在她们母女面前，拿出一份委托书，说女儿的父亲在英国有笔财产委托他管理。从此，每年按春、夏、秋、冬四季，律师每季将一笔五千英镑的支票送到母女手中。母女生活无忧，并请了华裔英语教师，教孩子英语及各种礼仪。孩子十六岁时进了剑桥大学英语系。孩子二十三岁时，一直对孩子保守秘密的母亲，在生命的最后时刻将古玉交给女儿，说："这是你父亲留给你的。"说罢，她叹息一声而气绝。

1944 年，张作霖已归天多年，少帅张学良在西安事变之后，被蒋介石软禁。信守承诺的祖父派曾留学英国的叔叔汪泰昌到伦敦接孩子回天津，按照事变前的约定：她姓章，其名为秦玉。祖父不便出面，就由朋友介绍孩子到张淑纯创办的含光女子中学任教师，这一切开销，皆由"始乱终弃"的父亲供给。章老师幻想有一天父亲会来找她。可这位军爷，至死也不知他留下的后代，为他赎罪，一生如此悲凉。

祖父将章老师的经历讲完，叹息道："往事似烟，人生如戏呀！一个草莽军人作的孽，让可怜的孩子无辜受罪。你看那姑娘眉宇间的忧郁之气，便知她活得多么痛苦，灵魂多么孤寂！"

我突发奇想，问祖父道："我总觉得造孽的人不是那位军爷，而是张作霖。您没看出章老师与张学良眉宇间惊人的相似吗？"

祖父惊愕，马上说："莫胡说，张作霖还不至于下作到把自己的罪孽推到部下的份儿上。万万不要胡思乱想，死者也有尊严，应该对其敬畏。"

大概在 1964 年，祖父托海外朋友，将那块古玉亲手交回定居台湾的章老师手里。章老师到台湾之后，化名在台北一所大学教欧洲文学。"文化大革命"期间，她与我母亲断了联系。我家在遂安伯胡同的四合院被拆，百花深处祖父的房子也早已易主。章老师投信无门，音信全无。

1992年，我到台湾参加一次学术讨论会，到台北探望八十多岁的叔叔。叔叔说章老师在1967年孤身一人去美国定居，他多次赴美探望。叔叔见我两鬓已有白发，微笑说："你出生时，你父亲让我给你起个名儿，我说就叫兆骞吧。汪氏宗族，你属兆字辈。骞字，高举，飞起之意。《楚辞·大招》：'王虺骞只。'王逸注：'王虺，大蛇也；骞，举头貌也。'杜甫《寄岳州贾司马六丈、巴州严八使君两阁老五十韵》：'公如尽雄俊，志在必腾骞。'"

叔父接着说："台湾的小说家黄海先生，到大陆访问多次，说得到你的热情接待，他说你在大陆文学界颇有名气，口碑也不错，为叔甚感欣慰，你父亲、我的兄长俊德（克昌）为人忠厚勤奋，一生帮你祖父风起云涌于商企界，你祖父暴得大名。我呢，燕京大学毕业，留英多年，在台湾搞金融，也混迹于上流社会，要风得风，唤雨得雨，别无他求。而我那位兄长，一直默默无闻，甘于奉献。这就是人生、宿命。贤侄勉力在文学界为汪家争得荣誉，汪门之幸也，对你一直寄予厚望的你祖父、父亲地下有知，当含笑九泉了。"

叔叔一生并无子嗣，我是汪家独苗。又过几年，我与夫人、女儿到台湾旅游。鳏居多年的叔叔见到他的孙女，百感交集，拉着她的手，老泪纵横，连说："好！好！"

其时，我正为写七卷本《民国清流》而紧锣密鼓地做准备，我一生淡泊名利，毫无光宗耀祖的奢望和兴趣，只想以"其言直，其事核，不虚美，不隐恶"的治学精神真实地呈现民国清流的文化成就和高尚的文化人格，为中国文学史提供一份可堪参考的真实资料。

第四章

意租界别墅是我童年的百草园

我祖父于20世纪20年代在天津租界购置了一栋极富意大利建筑风格，三层带大花园的别墅。20世纪40年代初，我出生在这里，度过了我来不及说再见就散场的童年，告别了我的百草园。

　　别墅在马可·波罗广场北面，往西与梁启超的饮冰室大院不远，往东紧贴曹禺故居。周边有周恩来题词的《益世报》的报社，有爱国报人刘髯公故居，有清朝遗老"华中堂"住宅，有卢木斋创办的木斋中学，有位于我家对门由妇女界名人、老乡张淑纯创办的私立含光女子中学，还有黎元洪、解方、天津市市长张廷谔、财神王祝三、帮"杨三姐告状"雪冤的天津警察局局长杨以德等人的宅第。各种人物荟萃，给意租界的政治和文化带来繁复多元的影响，也必然影响我的家庭和我的童年。

　　花园里的紫罗兰、海棠花和满街的槐花盛开时，或者冬天大雪覆盖了马可·波罗广场和飞人雕像时，我喜欢独自一人在别墅里徜徉。每当回忆起这里的一切，特别是那栋发生过家族太多故事的别墅，就会让我浮想联翩，老来将一切在纸上化作了一个绚丽的舞台……

1931 年，祖父在东北做粮食药材生意，赚了一批大钱，在马场道一带英租界购买了两座洋楼。后来考虑直隶地区的大客商都在海河东岸的意奥租界买了洋房，开了商号货栈，除了徽商、晋商，奋商在全国也成了气候，祖父便通过意工部局的朋友，在意租界光复道买了一栋带花园的别墅。那年祖父三十三岁，曾满怀豪情地说："宽于蜗舍，足容身矣！"

抗日战争爆发，祖父以这里为中心，继续做他的大生意。1941 年，我在这座别墅里诞生。父亲除了协助祖父管理办公室，继续坚持在意租界圣心医院学医。母亲只得给祖父当半拉子秘书。

我家别墅，砖石结构，地面三层，地下一层。一二层南向有半圆阳台，四面有窗。一楼门楣上，悬一红木横匾，上刻"汇昌兴"三个大字，宗颜真卿，笔法苍劲，气象宏伟。金字衬以朱印，极为典雅。"汇昌兴"货栈系祖父经营贸易房地产生意的字号。

九一八事变之后，张作霖被炸身亡，祖父将在关外的产业和资金、全部转到北平和天津。天津意租界的"汇昌兴"客栈就成了祖父产业的大本营。最兴旺时，职员有二十多个，办公室、会议室设在一楼。二楼是祖父、父亲办公的地方，有大客厅和会议室及台球房、麻将房和四间客房。三楼是生活区，分别有祖父母、父母和我的卧室，还有个大书房和茶室。储藏和账房设在地下室，有密封铁门相隔。楼后设有厨房、饭厅、用人房和车库。

"汇昌兴"横匾之字，是清朝遗老"答拉密"华世奎的墨宝。"答拉密"即满语"领班"之意，是辅佐军机大臣办事的官员，或称为"军机领班""小军机"。袁世凯时，把华世奎的官阶提为正二品，等同于内阁副相，位高权重。

祖父曾在七七事变不久，去拜访华世奎老先生。那时他已年近七旬，比祖父大三十五岁。祖父与在意租界当寓公的华老先生相识，常在意租界有头有脸的贤达聚会上与头上还梳着花白长辫子以"忠贞"前朝的遗老相遇。这次专程拜访华老先生，是祖父为其骨气和气节所感动。早在九一八事变时，日本侵占东北，日本特务头子土肥原贤二挟持在津的末代皇帝溥仪，到东北建立伪满洲国，又逼遗老上"贺表"。华世奎一语双关地拒绝说："掌柜的虽是旧人，字号改了，可以不必。"日本占领天津，为维持天津局面的稳定，他们又找到华世奎，希望他挂个职，华世奎当面严拒："吾老矣，不能用矣！"日本人悻悻离去之后，他公开说："风烛残年，蜡头能燃几时，何必添彩！"他既不出面事敌，又不让日本人抓把柄治罪。

祖父称赞华老先生:"报国行赴难,古来皆共然。"

华老先生说:"世侄用崔颢《赠王威古》赞老夫不敢受。愿从王昌龄《别刘谞》之'身在江海上,云连京国深'自勉矣。"

就在此次拜访中,祖父求华世奎赐墨宝"汇昌兴"。华老先生欣然应允,祖父研墨、铺纸,华老先生将花白的发辫甩到身后,提笔一蹴而就。祖父说,华公晚年以卖字补贴生活,"天津劝业场"的巨幅招牌,"万年青""隆昌号""正兴德"等著名商号的匾额都是他的手笔。你秦爷曾开的羊肉包子店"德美楼"也是华公所书。那"天津劝业场"的东家高星桥,用五百银圆求得。其润笔费之高,津门第一。

到我五六岁时,祖父经常带我到中山公园看"南皮张世两烈女碑",碑文是用颜体所书,因我正随李实忱先生习书法,颜、赵、柳体已能分辨。祖父常来此地看碑,实为对五年前辞世的华世奎老先生的缅怀。记得祖父说,华先生于民国五年写此碑时,落款偏偏写"我皇清退位之五年",表现他对清王朝的忠诚。

烈女碑,是华老先生为纪念民国初年南皮县张氏二女而写,以表彰二女的贞洁和对恶势的谴责。张氏二女被恶霸骗婚,卖给青楼,姐妹以自杀抗争,感动津门百姓。

得华先生的横匾,祖父非常高兴,当夜设家宴,邀"汇昌兴"同人参加,那晚从大马路东兴楼叫的酒菜。酒到三巡,菜过五味之后，祖父站起来，致了一个祝酒词。在日本人的眼皮底下，脸上有酒红的祖父，慷慨激昂，长篇大论地讲了一番早就憋在心里的话。母亲听了几句，马上开始记录，这是她作为董事长秘书的本职。

多年以后，我在家里找了那本红褐色的皮面大记录本，那是母亲为方便工作，专门记载祖父各样活动用的。有点像流水账，但祖父的主要社会活动、公司业务情况皆有记载，其所记事件，与祖父、母亲后来讲给我听的故事，都可互相印证。它为我写我家在20世纪三四十年代的生活，提供了太多而真实的材料。可惜，在北京我家遂安伯四合院里，它和一些相关的资料、照片被红卫兵付之一炬，化为灰烬。幸而我记性好，多次阅读，往事并未因记录本被焚而烟消云散。

祖父的性格在那次家宴上得到了表现。祖父满腹经纶，生活阅历丰富，他高度评价了前清遗老爱国者华世奎先生。祖父说，华世奎先生一直留辫子，以示对大清王朝的忠贞，为世人所讥讽。"生在南洋，学在西洋，仕在北洋，教于东洋"，熟谙国学，精通七国语言的北大教授辜鸿铭，也一直蓄辫，遭人嘲笑。这皆是俗人之偏见。华先生不为原来的主子清皇帝效力，连句"贺表"都不写，在日本鬼子的淫威利诱之下，不与合作，表现了国士的风骨气节。而辜鸿铭先生以《春秋大义》（《中国人的精神》），批评西方世界只注重物质的创造而忽视精神建设的致命弱点，令大文豪列夫·托尔斯泰崇敬有加。列夫·托尔斯泰主动写长信给辜鸿铭先生，感谢他对西方文化和哲学的重要影响。连傲慢的英国作家毛姆，也屈尊到北京拜访辜鸿铭先生。辜鸿铭努力向世界传播东方哲学的精髓，纠正了认为五四运动仅是受西方文化影响而爆发，而忽略中国传统文化对世界影响的观点。所以李大钊先生说："愚以为中国两千五百年文化，终出一辜鸿铭先生，已足以扬眉吐气于二十世纪之世界。"

祖父又由华、辜转到在天津当寓公的北洋军界领袖，说他们当政时的民国，成了乱世，其成绩乏善可陈，可是在民族敌人日本祸乱中华之时，都表现出中国人的尊严和爱国情怀。吴佩孚反对伪满洲国成立，通电全国，揭露日本人"伪称满洲独立国，实际为日本国附庸，阳辞占领之名，阴行掠夺之实"。知南京大屠杀，吴佩孚绝食一天，以示抗议。曹锟面对日本人策反，大义凛然地说"每天喝粥，也不为日本做事"。日本大特务土肥原贤二让段祺瑞出任伪华北政府首领，段祺瑞坚拒之。九一八事变时，他曾在上海发表声明"求人不如求己，全国积极准备，合力应付，则虽有十日本，何足畏哉"，讲得大家热血沸腾……

天津沦陷后，天怒人怨。7月中旬，雷雨不停。8月1日傍晚，同住意租界的《新天津报》创办人刘髯公，冒大雨到家来访。刘髯公深得祖父敬重。刘髯公办的《新天津报》，敢为平民百姓发声，特别在九一八事变之时，该报揭露日寇侵华罪行，颂扬抗日英雄，痛斥不抵抗主义，深受读者欢迎。天津沦陷，《新天津报》特发号外，激励天津人坚持抗战。日本人威逼利诱，让《新天津报》为其效力，充当日寇喉舌，先派汉奸拉拢，让刘髯公参加在国民饭店举行伪天津市治安维持会筹备会，刘髯公大骂汉奸，拂袖而去。

刘髯公此次深夜来访，乃商议如何救济难民之事。日本对中国人烧杀抢掠，致使大量难民涌到意奥租界。建国道东天仙戏院前已聚集上千难民，在雨中淋浇。祖父听罢，拿起雨伞，就与刘髯公到现场。果然，雨中黑压压的饥饿难民，无处避雨，任大雨淋着。祖父与刘髯公当即决定，由刘髯公给难民找住处，祖父负责难民的吃食。祖父回到别墅，立即组织人员在院里砌起十个大灶，支起席棚，招聘伙夫二十人，然后蒸馒头、熬粥。

天亮时分，馒头和粥分批送到东天仙戏院。祖父看到，难民已住进东天仙戏院，马路对面的商铺也住满了人。刘髯公与东天仙戏院老板和店铺商量，付了租赁费，让难民得以遮风避雨。

祖父没料到，本来二人要商议下一步怎么办，结果第二天上午，刘髯公的汽车还没开到我家别墅，就在万国桥（解放后改解放桥）被日本人逮捕了。祖父闻之，愤怒地吼道："白骨成丘山，苍生竟何罪？"祖父一方面继续蒸馒头、熬粥周济难民，另一方面想方设法营救刘髯公。后由祖父等贤达亲友取保，具结保外就医，刘髯公回到家里，嘱家人和报社同人，万万不要把《新天津报》

交给日本人。不久，这位爱国报人悲愤而死。祖父送挽联曰："一佛出世，二佛涅槃。虽死之日，犹生之年。"

鉴于日本人对爱国者残酷镇压，好友刘髯公被迫害致死，友人劝祖父暂离津门，避避风头。说来也巧，祖父收到原天津市市长张廷谔由重庆发来的信函，希望祖父运一些药品和机械过去。祖父积极备货，通过意工部局华人秘书的帮助，这些货由祖父亲自押送，乘火车载至武汉，再用机船溯江而上。因有意工部局证明，再加上张廷谔特请天津友人帮助，聘了一个反战的日本朋友川岛协助祖父，这批货物顺利通过各关口，安全抵达陪都山城重庆。

祖父与川岛，一起去拜访张廷谔，交货付款，再叙友谊，谈抗战。张廷谔比祖父长八岁，时年四十八岁，直隶丰润人，与祖父老家昌黎隔滦水相望，有同乡之情。张廷谔年轻时，考入直隶高等学校，后偶与曹锟相识，一路飞黄腾达，成为国务院秘书长，嗣后到津，经派系斗争，两次出任天津市市长。到 1934 年，三十六岁的祖父已成为河北巨商，且年轻时与东北王有很深交谊，张廷谔也不敢怠慢。他身为官员，经常让祖父替他做生意。祖父与他相交，看中了他在 1936 年宁成为日本人的眼中钉，也不愿与那些和日本人不干不净的亲日分子同流合污，辗转而去重庆的风骨。

张廷谔在天津时，与南开大学创办人之一张伯苓交好。到重庆后，张伯苓建南榆中学，请张廷谔参与筹划。祖父此次所运之货，大部分为建南榆中学所用。抗战胜利后，由张伯苓推荐，张廷谔重新坐上天津市市长的位置。他的就职宴会，邀请祖父参加。席间，他走到祖父桌前，笑眯眯地说："老弟，三十年河东，三十年河西。只七年，我们又相会，人生如梦啊！"祖父则说："雁引愁心去，山衔好月来啊！"

张廷谔是1948年12月，在解放军的隆隆炮声中离京去台湾的。后在台北的汪泰昌叔叔看望过他几次。1973年夏天，叔叔给祖父的信中说，张廷谔已逝去。在这半年前，祖父还写信给他，希望他回丰润省亲。见信后，无不悲戚。

那日本朋友川岛陪祖父回到天津，按与张廷谔商定的，祖父在津日租界帮他开了一家西药店。日伪时期，川岛衣食无忧。有时因生意上要与日本人打交道，川岛就担任翻译，为祖父提供了便利。

抗战胜利，天津百姓反过来，开始收拾在津的日本人，有市长张廷谔保护，由祖父通融，说明情况，川岛的药店保住了，人还住在天津。到了1948年底，解放军围攻天津。在北平的祖父，让牛三姑爷去找张廷谔，由张廷谔安排，牛三姑爷和川岛一起出了天津，乘船去了日本。为此，祖父曾对我说："你牛三姑爷，率性任情，兴风作浪，泥沙俱下，由他去闯荡吧，世事多寥落，人间合苍茫。每个人有每个人的选择和活法。"

后来，牛三姑爷在日本落脚，娶了一个有皇族血统的寡妇，生了一个儿子。可怜我那有些任性的三表姑，当了多年寡妇，抚养一双儿女，好在那双儿女都读了大学，儿子在大学任教，女儿在医院当医生。改革开放之后，牛三姑爷由日本汇来一笔可观的美元。算是对发妻和儿女的补偿。三表姑见之，泣涕涟涟。再多的金钱，岂能补偿几十年的苦苦等待和殷殷思念！

母亲的记录本里，还有 1938 年底祖父和父亲回昌黎办汇文中学的事情。文字极简单。但这简单的文字让后人看到，汪华堂还是中国著名的热心教育公益事业的大家。

他十六岁闯关东，二十出头即成河北昌黎商界名人。当时他出生的村子，没有学校，他便将自己的祖宅改造成村里的女子学校，高薪聘昌黎汇文中学教师来当老师。他热爱教育事业，常资助汇文中学，被推为校董。为改善昌黎汇文中学的条件，他为该校买了一百多亩好地，作为学校农业实习基地。此次回昌黎，是因为日本占领昌黎之后，汇文中学校长徐维廉不辞而别，经费断绝，教师工资没有着落，特别是从国外聘来的外国教师，陷入生活绝境。汇文中学陷入瘫痪。

祖父调查研究之后，首先电报父亲，让他将一大笔资金带到昌黎，让汇文正常复课，从此每月都按时汇款，直到日本投降，校长徐维廉重返学校复职。多年后祖父对我说："昌黎汇文，原是美国利用庚款在中国建的第一所汇文中学，其校园如同花园，有教堂、医院、图书馆、物理化学试验室，有漂亮的教室和礼堂，还有正规的运动场。学校有美国为主的外国教师，达二十多人。汇文是当时中国最先进的学校之一。各种知识竞赛、体育比赛，全省名列第一。其毕业生半数考上北大、清华、燕京。政军商文界政要，昌黎汇文人不少。抗日期间，特别是太平洋战争爆发，美国的资金被阻断，作为校董，我有责任站出来，不让我们的子女失学。"

父亲经手昌黎汇文中学办学经费，曾对我说，整整八年，你祖父资助汇文中学的资金实在不少。每次谈到资助昌黎汇文中学，祖父总微微一笑："那曹操在《让县自明本志令》中都说'投死为国，以义灭身'，我一个商人，花些钱为教育添把薪柴，算得什么？"

祖父为帮助寒门子弟求学，他从在香港汇丰银行的存款中，拿出五十万美元，创办了"汪华堂奖学基金会"，祖父本人任董事长，他的同乡好友杨扶青（曾资助李大钊赴苏开共产国际会议）出任秘书长。多年来，资助了不少寒门子弟，实现读书梦想，被送到国外留学，学成后报效国家，后成为北京大学教授者，不乏其人。学者李长之便是。新中国成立后，"汪华堂奖学基金会"解散，杨扶青被任命为水产部副部长。

新中国成立初期，祖父回到昌黎，出资百万之巨，在自己出生的村庄修建了一所有三十多间教室，有围墙、有操场的完全小学。小学至今仍在使用。我曾在该校建校六十周年之时，再踏上故乡土地，怀着复杂的心情参观了这座寄托祖父"教学报国"信念的学校。我那时，已到桑榆晚年，白发苍苍了。自己闯荡文学江湖，没给家乡留下什么。

经和昌黎政府和昌黎汇文中学（高中部）商议，在昌黎汇文中学（高中部）学校老门一带，修建"兆骞书院"，我将写作出版的图书、主编的各种文集丛书，以及一生收藏的古今中外图书献给国家，放在这里长期保存，并供参观。

我知道，昌黎政府和汇文中学修建"兆骞书院"，是对我祖父热心支持昌黎教育事业的拳拳之心的表彰和肯定。我想，一生只讲对社会奉献而不求显名的祖父，得知建设书院事，倘在天有灵，也会感到快慰吧！

我家与昌黎汇文中学有很深的渊源。我父亲、母亲、汪泰昌叔叔，我的姐姐们，都是昌黎汇文中学的学生。我家在老汇文中学南大门（兆骞书院）西侧，有个很大的宅院，前院有制糖作坊和马圈车棚。上台阶有一排五间相连的北房，穿过去，东西各有三间厢房，再往后，是个花园，种有果木和一架葡萄，有个后门，直通汇文中学的三角湖和紫藤架。院里修有秘密地下室，以防兵燹。

"兆骞书院"改造了原南大门和一些相关建筑，支起玻璃顶篷，设有多间阅览室，还设茶室和咖啡厅、会议室。政府和校方为我活动方便，在书院后面，已被拆除的我家旧宅的原址上，重建了一个独门小院落，两排房，前后院。每当走进这小院，童年的那些美好的记忆，便会涌现在眼前，让我浮想联翩。

　　大概是 1946 年夏，国民党三十万大军包围了中共中原鄂豫皖根据地的宣化店地区。正好祖父有一大批采购的中药材困在那里运不出来。祖父考虑再三，决定让父亲带"汇昌兴"的两个职员去宣化店，设法将这批中药材运到上海。这时，父母亲正带着我在昌黎和北戴河避暑。祖父在北戴河莲蓬山下的别墅，刚装修完毕，父亲顺便验收。我们在海滨刚玩了两天，父亲就接到祖父电报。父亲把我们送回昌黎汇文中学西侧的老宅，匆匆乘当夜的火车赶回北平。母亲原本想随父亲一起，回天津别墅。父亲说，孩子既然到了老家，让他在汇文中学好好玩玩。这可是他祖父用血汗钱保住的学校啊！在回昌黎的路上，父亲就说，日本人占领了昌黎，因太平洋战还没爆发，对有美国背景的汇文中学，他们还不敢接收。若不是老人家慷慨出手，接管学校，等日美开战，汇文中学可就要升起日本国旗了。如今完好交给政府，这可是老人家对家乡教育的贡献。

　　在昌黎，母亲每天都带着我从老宅后门进学校去参观。那时正是暑假，校园漂亮而宁静，三角湖碧波荡漾，美式的尖顶教堂庄严肃穆，典雅的图书馆散发着书香气。整个校园，背倚山坡，北高南低，错落有致，特别是悠扬的钟声会在早晚六点准时响起，在小城上空悠悠回响。听到它的响声，我的思绪飞扬。

母亲坐在紫藤架下的长椅上，回忆起她与父亲结婚后才到昌黎汇文中学读书的情景，突然对我说："青春真好！"她那清澈的目光，痴迷地望着远处的教堂……

"兆骞书院"之横匾是曾在大学当我两年老师的著名作家王蒙先生所题，笔墨间带有喜气，那是他在共和国七十华诞之际，被国家授予"人民艺术家"称号之时给我书写的。

说到我与王蒙的相识相交，还真是有机缘的。1956年，我在天津读初中，住在意租界光复道我家的别墅里。祖父和父亲在1948年便离开这里，将我家的产业移到北京。这里只留下我和母亲及用人留守，可喜的是，祖父还没来得及将大书房中的丰富藏书转到北京新街口百花深处我家的另一个宅院，只是运走了一些祖父常读的线装书。我能幸运地从识字开始，一直徜徉在书的海洋里，汲取知识和智慧。祖父也还如在别墅住的那会儿一样，一直关心我的求学和阅读。那年，他和父亲来津处理一些房地产的事，又住进别墅。我们夜谈时，他说他正读《人民文学》杂志上的《组织部新来的年青人》一文。我问写什么内容的，祖父说写一位在区委组织部工作的年轻人，对这个部门的生活和工作的思考，很敏感地触及机关里的官僚主义问题。我一听，兴趣不大。祖父说，我看这位作者很有才华和思想。那时，我也在做当作家之梦，听说作者有才气，便开始阅读。果然，与我喜欢的神童作家刘绍棠和浩然的作品有所不同，我开始关心王蒙。特别是不久，全国各大报刊开展围绕这篇小说的大讨论，渐渐地，批判之声占了主流，等我家搬到北京，我读高中之后，1957年，作者王蒙已被打成右派。

后来，我认识了离我家遂安伯胡同不远的老作家严文井和军旅年轻作家王愿坚，在谈文学创作时，自然少不了王蒙。

等我上了大学，读中文系二年级时，为落实政策，十四岁就入党的王蒙，竟然成了现代文学教授王景山的助教，辅导我班现代文学。祖父感慨道："浮生若梦，浮生若梦啊！"我们相处很好，后来王蒙在《王蒙自传·半生多难》一书中还专门写了我们的亲密关系。两年之后，王蒙自愿去了新疆，在新疆劳动创作十六年，重返北京时已写出大量优秀作品。我们也由师生关系转变成作家和编辑关系。我就职于人民文学出版社，我给王蒙先生编了大量作品，其四部长篇小说"季节系列"便是我亲手编辑，由人民文学出版社出版的。

因此，由王蒙老师给弟子题"兆骞书院"顺理成章且意义深远。

第五章

司机杨二父子的抗战

日本无条件投降，由母亲和章老师策划，我家举行一次隆重的家宴，和全国人民一样，沉浸在无限的喜悦之中，祖父的开场白是："眼底山河，楼头鼓角，都是英雄泪。"那眼神里充满了豪气。

　　家宴开始，主仆落座。厨师秦爷弄了一桌拿手菜肴，共八品，有抗战八年之寓意，母亲让人从酒窖取来法国红酒。章老师在法国面包房订制了一个大蛋糕和法国鹅肝等西菜。司机杨二从家里拿来新鲜玩意儿——炸蚂蚱。

　　章老师唱了一首法国国歌《马赛曲》，唱得声情并茂，大家鼓掌。

　　我主动请缨，唱了章老师教我们的《祖国歌》，是李叔同作词的："上下数千年，一脉延，文明莫与肩……"五岁的我，不明文字，却大声放歌。

　　祖父高兴地说："保天下者，匹夫之贱，与有责焉耳矣，杨二父子，有'天下兴亡，匹夫有责'之志，勇敢杀日寇，血溅沙场。"然后，他给大家讲了杨二父子抗战的故事，听得我热血沸腾。

　　日本投降后，我交了一个日本小朋友太郎……

1945 年 8 月 15 日 7 时，中、苏、美、英四国同时宣布日本无条件投降。那年我五岁。那天上午，祖父与父亲是从奉天（沈阳）回天津的火车上，听到这一消息的。他们爷儿俩坐在豪华卧铺包厢，喝茶闲聊，突然听到普通车厢人声鼎沸，父亲出卧铺车厢去看究竟，只见乘客听到日本投降消息后，欢呼雀跃，喜极而泣，父亲惊喜地跑回卧铺包厢，将这消息告诉祖父，祖父十分平静地自吟道："眼底山河，楼头鼓角，都是英雄泪。"然后，他泪流满面。

　　父亲知道，这是宋代刘仙伦《念奴娇》里的文字。他也想起辛弃疾的《菩萨蛮·书江山造口壁》里的句子："青山遮不住，毕竟东流去。"父亲将车厢的所见、所闻、所感写在一篇杂感式的小文里，聊以纪念。

　　不久，社址设在意租界民权路的《益世报》，举行"庆祝抗战胜利《益世报》复刊茶话会"，父亲应邀参加。原报社总经理刘濬卿是祖父的朋友，他的小儿子刘益之主持茶话会。

　　会上，父亲讲了在火车上那段经历，刘益之颇感兴趣，叫父亲整理一下。父亲的小文后发在《益世报》上。

　　按理说，凭祖父与刘浚卿的交情，他应参加《益世报》举行的复刊茶话会，不巧的是，头两天他得到负责接受日本投降的第十一战区（北平、天津、青岛、济南等）长官司孙连仲、李延年将军的秘书通知，拟在天津会见各界要人共议受降事宜。祖父是被邀者之一，由父亲代替他参加了《益世报》的活动。

　　抗战胜利，天津与全国一样都沉浸在喜气洋洋的氛围里。我家"汇昌兴"挂起青天白日国旗，圆门厅挂了两盏红灯笼。家里举行的庆祝活动很特别。由母亲和章老师策划，搞了个很特殊的晚宴。在法国面包房，订了一个八十厘米的奶油巧克力蛋糕。八十厘米，意味八年抗战胜利。这是章老师的提议，全家人一致赞同。母亲让秦爷从地窖里取出十年法国波尔多白红干葡萄酒各五瓶，先打开倒进大瓶里醒着。餐桌上特意铺了白桌布，上摆杯盘、刀叉和淡红餐巾。章老师下厨做了水果沙拉和法式红菜汤。秦爷做了油烹对虾和竹笋丝拌火腿丝，凉盘俄国马哈鱼子酱、法国鹅肝片。母亲做了鲜玉米磨浆、葱花饼和蒜泥茄子，这是祖父和父亲的最爱。土洋点八品，也有八年抗战之寓。杨二别出心裁，特别让他娘炸了他从海河里捞的刀鱼和捉的蚂蚱（蝗虫），杨二各盛了一大盘，用他的话说："油炸了用刺刀屠杀咱们的小日本。"摆在桌上，有点不伦不类，祖父却颇为称赞，他说："'战伐乾坤破，疮痍府库贫'。八年抗战，民不聊生，如今胜利，家家仓廪无多，杨二父母在提醒我们，'制俗以俭，其弊为奢'啊！"

月明星稀，夜风送爽，餐厅点起华灯，菜肴摆好，美酒斟满，我以法国果汁代酒，母亲宣布大家就座，又让一家之主祖父发表祝酒词。他举起酒杯，说："抗战胜利，大快人心。说三句话：一、古人说，'几时拓土成王道，从古穷兵是祸胎'，日本注定必败；二、'笛里谁知壮士心，沙头空照征人骨'，我民族难苦抗敌，正义必胜；第三句，'治国犹如栽树，本根不摇，则枝叶茂荣'，胜利后，谁得人心，顺民意，则得天下，则国富民强。"老人慷慨而谈，似在论国共之争。

祖父这番话，很深刻，是准备好的。母亲后来说，《益世报》上登过，那是他在来津接受日本投降的第十一战区长官司孙连仲、李延年召开的座谈会上的发言。

或许祖父的祝酒词，太深奥、太严肃，让准备大快朵颐，吃一顿庆祝抗战胜利大餐的一家人，有点不知所措。父亲示意母亲出来圆场。母亲笑着对大伙说："刚才，老人家发表一番大论，咱们洗耳恭听，受益匪浅。"为了调剂气氛，母亲对坐在她身边的我说："年纪最长者讲了话，下面咱请岁数最小的人儿也讲话。"

我不客气，站起来，举着果汁说："祖父说了三句话，俺只说一句话，就是我想吃炸蚂蚱！"坐在桌前的人听罢，先愣了一下，接着笑了起来。章老师也说："兆骞也表达了我的愿望！"于是餐厅的气氛开始活跃。

杨二听说我要吃蚂蚱，忙过来帮助我，先把蚂蚱的头揪掉，就把内脏带出去，我立刻放在嘴里，又酥又脆。章老师也从未品尝过，也学着吃了几只，她的评价是："挺香！"我给正吃葱花饼和蒜泥茄子的祖父送过去，他摇头："小时挨饿，烧着吃过不少，'食方丈于前，所甘不过一肉'，饥肠辘辘，蚂蚱也香。"

饭后，秦爷对杨二说，你家炸的蚂蚱是原味儿，若收拾洗净之后，用作料煨一下，用慢火炸，吃起来会更酥香。后来，他亲自提了蚂蚱，炸后给大家吃，连祖父都说："果然成了美味，草野之食自有其香。"章老师说："还真香！"酒席上，祖父唱了一段自配岑参诗《送出师西征》的昆曲：

君不见走马川行雪海边，平沙莽莽黄入天。

轮台九月风夜吼，一川碎石大如斗，随风满地石乱走。

匈奴草黄马正肥，金山西见烟尘飞，汉家大将西出师。

将军金甲夜不脱，半夜军行戈相拨，风头如刀面如割。

马毛带雪汗气蒸，五花连钱旋作冰，幕中草檄砚水凝。

虏骑闻之应胆慑，料知短兵不敢接，车师西门伫献捷。

唱得感情充沛，曲调悲壮，动人心魄，祖父的眼神有股豪气，光芒四射。父亲从来内秀，不知何时学会唱李叔同谱曲的岑参《送出师西征》歌曲。唱起来有李叔同刚柔相济、清朗深情的曲风。母亲说："你爷爷前两天总哼唱《送出师西征》，你爸爸就找你章老师，让她教唱此歌，我也学会了。"

母亲和章老师合唱了法国的国歌《马赛曲》。母亲用中文，章老师用法语。我和杨二、秦爷爷使劲鼓掌喝彩。

祖父也很欣赏母亲和章老师的歌声，但有点不服气，笑着对她俩说："'《阳春》无和者，《巴人》皆下节'啊，昆曲乃京剧之离骚，怎么就不如洋曲受欢迎呢！"

章老师也笑了："伯父，《马赛曲》风靡全世界，昆曲在京剧里也属小种，曲高和寡，难以流传。前些日子，我读李白的诗，有句'清风吹歌入空去，歌曲自绕行云飞'。我想，能'绕行云飞'的，肯定是大众的。"

祖父点头："侄女说得有道理，大凡古来诗词歌赋，感心动耳，荡气回肠者，多为有补于世，而朗朗诵上口，久传下来。"

在这种场合，我当然不会自甘落后，我主动请缨，唱了一首章老师教我的《祖国歌》，是李叔同作词的：

上下数千年，一脉延，文明莫与肩。

纵横数万里，膏腴地，独享天然利。

国是世界最古国，民是亚洲大国民。

呜呼，大国民！呜呼，唯我大国民！

幸生珍世界，琳琅十倍增身价。

我将骑狮越昆仑，驾鹤飞渡太平洋。

谁与我仗剑挥刀？

呜呼，大国民！谁与我鼓吹庆升平？

祖父说，抗战胜利，是不甘当亡国奴的中国国民抗争日本侵略者的胜利。"保天下者，匹夫之贱，与有责焉耳矣"即"天下兴亡，匹夫有责"。刚才兆骞唱弘一大师《祖国歌》，有"呜呼，唯我大国民"。国民不怕流血牺牲，"感时思报国，拔剑起蒿莱"，才有今天的胜利。兆骞妈妈的表哥，就是一个生意人，为了把日本鬼子扫荡卢龙的消息告诉村民，让他们有所防范，从昌黎连夜跋山涉水，绕过鬼子的炮楼和封锁线跑了五个小时，路上被伪军盘查扣押，后乘其不备，用石头击毙汉奸，一路跑到山村，将日寇扫荡的消息告诉村民和八路军，因过度劳累，吐血牺牲。八路军和村民有了准备，坚壁清野，提前撤到深山，逃过一劫。

杨二的父亲，仅仅是个汽车司机，在天津保安队当差。日本鬼子发动九一八事变刚过去两个月，又于1931年11月，在天津策划了一次规模很大的武装暴乱，史称"天津事变"。策划者，就是臭名昭著、恶贯满盈的日本关东军特务机关长土肥原贤二。此贼买通汉奸便衣队和青云帮袁文会，又到日租界组织日本浪人为主的"义勇军",组成两千多名武装匪徒,偷偷夜袭天津市政府和市公安局等地。日租界日本警察、宪兵配合这伙歹徒,从日租界向华界开枪射击。时任天津保安队总队长兼戒严司令部副司令的王一民,早有准备,即刻组织所部在马路上迅速用沙袋构筑之事,指挥保安队阻击日本暴徒,战斗很惨烈,当场击毙敌人五十多人,其中有军曹长宫本。阻击中,一度海光寺、广开二马路险些失守。激战到次日清晨,除了日租界一个派出所仍被日本宪兵一个排占领,全市的日军、便衣队皆被歼灭或击退。

杨二的父亲,作为司机,本来没有参战任务,但这个有血性的中国人,硬是要求参加战斗。他被派到海光寺防线,和战友击退几次敌人的进攻。有一次,日本鬼子又来强攻,一个军官先是哇啦哇啦督战,后来竟然率敌冲在前头,一枪击毙了杨二父亲身边的保安队班长,然后乘势跳上沙袋。杨二父亲猛地扑过去,把这个家伙扑倒,二人滚在一起,扭打起来,毕竟没有经过军事训练,不久杨二父亲就被这鬼子压在身下,战友正与敌人扭打,无人来帮助他。他的腹部被训练有素的鬼子用匕首刺中,就在匕首再次举起时,杨二父亲拉响了身上的手榴弹,两个人同时毙命。那个鬼子就是军曹长宫本。

让人痛惜的是,"天津事变"最后在上面的授意下以妥协退让而告终。但王一民还是厚葬了包括杨二父亲等抗击日寇的死难者。那时杨二才十五岁。

祖父讲完两个普通中国人以普通的方式为国捐躯的故事后，很动情地说："'谁人不死？死国，忠义之大者。'今天咱们为抗战胜利而欢呼，而庆祝，千万别忘记那些曾经'捐躯赴国难，甘心赴国忧'的普通人。"

父亲告诉我，祖父没讲他与王一民的关系。

祖父到东北做生意时，在张大帅府认识了东北军参谋处长，是由张学良介绍的。他告诉你祖父说，这位王一民与我熟，与我二弟张学铭更亲如手足。后来张学铭和王一民被送到日本陆军步兵专门学校深造。王一民学成返回东北，拟被派到东北滨绥去当旅长，后第四次入关，在张学铭的建议下改调天津任保安总队长。1930年10月，随着东北军，张学铭任天津市公安局局长。一年后，张学铭任天津市市长兼公安局局长。那时，你祖父正在天津购房开"汇昌兴"货栈、昌兴制铁、毛纺厂等，事业风调雨顺地发展。那时，与你祖父同庚的王一民，就住在咱家别墅北的联排别墅。是他在杨二父亲阵亡于海光寺后，把烈士遗孤杨二交给你祖父照料。知杨二已学会开汽车，就留下当司机至今。

1937年，七七事变后不久，日军便攻入天津。杨二为给父亲报仇，向祖父告别后，就与他的一个朋友，投奔到他父亲供职的保安队，火线入伍。他们的任务是化装成便衣队，去攻打刚被日军占领的天津火车站。因英法租界用沙袋等封锁各路口和火车站南面的万国桥。便衣队只能从西和北，攻击日军，很快占领了周围的民房，但毕竟未经过军训，交火一阵后，便衣队力不从心，只好退下阵来。便衣队原来就是临时组建的，分散之后，就各回各家去了。

此次攻击火车站，似乎被媒体忽视，没有得到宣传。

杨二有了抗日的经历，且以实际行动为父报仇，使他很自豪。天津车站保卫战，打得很惨烈，但很快就被遗忘了。后来我读大学时，读到日本人山本实彦1937年写的《支那事变·北支之卷》，书中有天津火车站两军交战的相关内容：

　　无论是车站正面的广场，还是铺设的道路，都被染成血红一片。而且不论是正面的民房，还是后面的人家，全部被便衣队占据。他们在附近呐喊。我方的人数加上非战斗人员也只有五十人。因此，必须防守宽广的正面和后背。遭遇的命运简直是不拿出百般武艺就无法夺回。当时，只能是宪兵每人提一个石油罐，进入敌群之中，向房屋放火。其胆量和勇气，好像瞬间要将敌人吞没。站前的各家因炸弹的破坏而只剩下残骸，剩余的建筑到处都是机关枪的弹痕，惨不忍睹，非常凄凉。我方的中佐司令战死，少佐也死了。在这新的民族血痕面前，年轻的士兵默默地坐满一地。

此外，到达天津的第三天，我们再次去车站附近参观。
他们的尸骸大都被收拾干净了。而且在他们被烧的柏油路
上，一把珍贵的带血青龙刀和其他凶器还散在那里……

上面的文字，出自一个侵略者的手笔，但在炫耀侵略者的武
士道精神的同时，同样也目睹了中佐司令、少佐被击毙的惨状，
其内心也被侵略战争酷烈震撼。

杨二先回到家躲了几个月。日本人在城里搜捕便衣队成员，
如同大海里捞针，便将主要精力放在控制城市，强化治安，还要
大力宣传"大东亚共同繁荣"，欺骗中国人，关于便衣队的事情就
渐渐淡忘了。杨二才回到别墅。

五岁的我，尚不知保卫家国抗战的意义，只知道我在抗日战
争中出生，在意租界玩耍时，常常看到日本军人背着上了刺刀的
三八大盖枪，耀武扬威地横冲直撞。我家别墅不远处，有个意大
利官员，娶了一位带着与我一般大的日本小孩儿的日本夫人。有
时，她会身穿日本和服，脚着木屐，带着那个日本男孩儿在马
可·波罗广场散步或到法国菜市场去购物。她见到中国人，彬彬
有礼，但那目光里闪烁着一种征服者的傲慢得意。

有一次，祖父听了杨二的话，给我买了一双轮滑鞋，鞋上各
带四个钢制轱辘那种。杨二玩这个很在行，他父亲曾给他买过一

双。玩这种游戏，在孩子的眼里，是很得意的运动。一天，我刚学得有点长进，能不太协调地往前滑了，一不小心，撞到那个日本小男孩儿，我赶紧道歉，连说对不起。倒是他母亲很客气地用中文说"没关系"，让我对她有了好感。

一天下午，我正在杨二叔的保护下，学急停，看到日本母子笑眯眯地走过来。我看到那男孩儿手里拿着一双轮滑鞋，他母亲对杨二说："先生，能不能也教太郎学轮滑？"杨二叔看看我，那意思是：怎么样？咱带他玩吗？我忙点头，多个伙伴热闹。从此，大约有五天，每天下午我和太郎一起学轮滑，太郎母亲总是笑容满面地坐在喷水池的台阶上看着我们。熟了之后，有一天，她特意带来日本寿司，让我们品尝。

太郎曾邀请我去他家，见到他的意大利继父。原来太郎的父亲在淞沪会战中丧命，他母亲与意大利人在东京相识，一见钟情。意大利人与他母亲结婚，他到天津意租界履职，就带着他们母子到这里购房安家。

因为我与太郎交了朋友，祖父、祖母都表示支持，祖父说："我们与非正义之师交兵，并不影响两国人民交往。"但是秦爷和杨二叔，很有反感。秦爷说："他们日本人杀我同胞，杨二他爹死在鬼子手里，没杀他们报仇，已经很客气了，还叫小少爷亲近他们，我就看了不舒服！"特别是杨二故意不好好教太郎，致使他摔得皮开肉绽。街上的左邻右舍的小玩伴，在其家长的怂恿下，有的与我疏远，有的骂我是"小汉奸"。就在我家庆祝抗战胜利那天夜里，晚宴结束后，母亲安顿章老师回卧室，又给我洗完澡，准备上床时，电话铃响了，母亲忙去走廊接电话，回来后，给我穿上衣服，带我到别墅门口，开了大门，只见太郎在他妈妈的带领下，哭成了泪人。母亲把他们母子请到一楼大客厅，我去找秦爷叫他们沏茶。

原来，日本投降的消息一传出，太郎家里就开始不安宁了。其父已回意大利多日，家里只剩下母子，用人先强迫讨要工资，一个顺手抱走一台金质自鸣钟，另一个骑走德国 J 字自行车。接着不知是谁用砖头砸碎了房间玻璃，门厅被刷上"滚出中国"的标语，甚至有个人闯进屋里，对太郎母亲动手动脚，在太郎的尖叫下，扯走项链、撸走金表……母亲听罢，安慰母子一番，并让秦爷去煮两碗面，给一天粒米未进的母子吃，我拿来一罐饼干，让太郎吃。然后母亲把他们安排到客房休息。当夜父亲给有关部门打了电话，第二天军警派人到太郎家，说服邻居，有犯罪证据的日本人可交政府，依法惩处，但不得伤害无辜的日本侨民。

太郎母子在去意大利前，来我家辞行，太郎送给我一张绘在帕上的日本画和一本日文版清少纳言的《枕草子》。我跑到书房拿了本《唐诗三百首》送给他，告别时，我与太郎拥抱了一下。

太郎赠我的画，章老师说是日本的名画复制品，很珍贵。由葛饰北斋绘制，名为《富岳三十六景之神奈川冲浪》。几条小船，在滔天巨浪中颠簸前行，远处是被白雪覆盖的富士山，引起少年的我无数的遐想。我了解日本文化，就是从日本绘画开始，读初中时，我已收集三十多帧日本画复制品，像狩野元信绘的《四季花鸟图（部分）》、长谷川久藏绘的《樱花》、渡边始兴绘的《四季花草图》、小田野直武绘的《不忍池》等。后来我读了周作人翻译的《枕草子》，更让我理解了日本文化和日本人的民族精神。那个圆脸清秀的太郎，至今仍清晰地印在我的脑海。

至大学，我在阅读世界文学时，开始关注日本文学。从看到《富岳三十六景之神奈川冲浪》那幅画起开始喜欢日本文化，到桑榆晚年，我写作《文学即人学》一书时，写到川端康成、大江健三郎、石黑一雄时，就想起……太郎那张清秀的圆脸。

第六章

小学老师赵斑

1948年，我作为三年级插班生，就读于由大佛寺改建的第二十六小学。班主任叫赵斑。四十多岁，瘦高，腰板直，右腿瘸。他于1939年，在西南联大读书时，弃笔从戎，参加杜聿明第五军，在二〇〇师戴安澜部调任连副，参加主攻昆仑山战役，右腿中弹，被抬下战场，治愈后又随远征军抵缅甸北部前线，后向同古进攻时，右腿再度受重伤。

　　抗战胜利后，赵斑老师到天津第二十六小学任教。他学识渊博，口才极好，又善著诗文，时有作品发表，我们都喜欢上他的语文课，我与他也很亲近。

　　赵斑老师身边聚集了一群天津诗人，并成立了"光复诗会"。他崇拜李叔同，常带我们离校只一箭之遥的李叔同故居参观，在课堂介绍弘一大师的人生和作品。对我影响很大。

　　新中国成立后，在镇压反革命的"肃反"运动中，赵斑老师受到牵连。

　　我在小学读书三年，老师们给我留下了深刻的印象。学校是个小世界，同样高雅与粗鄙共存，泥沙与清流俱下。

1948 年 9 月，我作为插班生就读于天津市立第二十六小学三年级。校址在奥租界粮店前街南口路东。当年划归奥租界后，租界工部局就设在此院。此院原是一座佛教寺院，人称"大佛寺"，后来我曾请天津作协副主席，熟谙老天津的肖克凡代我查查"大佛寺"的前世今生。过了一段时间，他打电话说："让汪爷失望了，我翻了许多书和档案，竟不知其庐山真面。"我所了解的第一所就读的学校，还是特意从北京赶到天津的祖父领着我第一次进校前告诉我的。说我曾祖父在此庙烧香问卜，也问过这里的住持高僧，只知是四百多年前，明神宗朱翊钧于万历癸酉时所建。进坐东朝西的山门，抬头可见刻有"大佛寺"金字匾额高挂山门，院里的殿宇雄深壮观。前殿三层四缘连屋，供奉佛祖释迦牟尼，后殿五间，梁楹节棁（zhuō）（梁上短柱）金碧辉煌，供奉木雕丈八站佛一尊，故寺庙得名"大佛寺"。寺院有僧十多人，那时方丈俗姓胤，法名仁源。寺庙宏大，又处人烟稠密之地，信徒施主甚多，香火极盛。

传说，清宣统年间，有个苦力张某，省吃俭用，娶妻生二女，后携妻并二女玄姑、春姑到津谋生，地痞流氓戴某用骗婚手段，拟将玄姑、春姑诱卖至妓院。张某将戴某告至直隶高等审判庭，不料法官受贿，故意错判此案，两个姑娘刚烈性格，以服毒自尽抗暴，在津门引起抗议。此刻有"天津善人"之称的刘道原拍案而起，写"高等审判庭，伤天害理；张氏双烈女，杀身成仁"挽联抗议，当局怕事态扩大，只好将二女葬于西门外的烈女墓，立一碑，并举行追悼会。"大佛寺"方丈仁源，在那里搞了道场，为其祈祷。此举惩恶扬善，悲悯众生，"大佛寺"香火更旺。

1900年，八国联军先破天津，奥军强占海河以东，闯进佛教圣地大佛寺，抢劫了金银、佛具、古瓷、经卷，推倒丈八高佛，将奥军司令部设在大佛寺。一个叫申大雷的奥地利司令官，统率着区区三十三名海陆战队水兵，就在天津成了这一带的统治者。1902年，就凭这三十三名官兵，他硬是将海河东岸偌大国土，划为奥国租界地，大佛寺成了其工部局。僧人被强行遣散，方丈仁源也被驱赶到寺院的跨院诵经念佛，青灯古卷，怎一个无奈苦痛了得。

到乙未年（1919），参加了一战的中国，以胜利国身份收回奥租界。赶走了奥租界的工部局之后，已面目全非的大佛寺被改为"大佛寺小学"，诵经声改成读书声。戊辰年（1928），又改为市公立第二十六小学。

祖父领着七岁的我，上台阶走进西校门，寺院的山门早已没了踪迹，校门是一排二层楼下的门洞。出了门洞是个比足球场还要大的院落。特别引人注目的是院里有六座不足两米高的白色塔寺，祖父说这是寺庙高僧坐化的寺，里面静静地坐着几百年的高僧。听起来有点吓人。在校三年间，我每天与它们相伴，已如朋友般熟悉。"虽然塔里是僧侣的天堂，但那里太过寂寞冷清。"这是与我们相伴三年的语文老师赵斑说的。

开学典礼很隆重，我虽插班，但也可以新生身份报到。新生由老师按身高安排我们，坐在二年级、三年级、四年级、五年级、六年级的前面，抬头就可以看到主席台上端坐的校长和来宾。他们胸前戴着贵宾锦条。祖父坐在贵宾席上，冲我微笑。

校长开始讲话。校长五十多岁，西服是黑色的，笔挺，相貌谦和友善，讲话不长，调门不高，仪态儒雅干练。在掌声中结束讲话后，校长亲自给每个新生发一个新书包，里面有新书和笔墨纸本。轮到我上台去领时，校长把装有三年级用的书本文具递到我手中，我毫不怯场，大大方方地给校长、贵宾和台下师生等人鞠躬，微笑着接过书包，又从容不迫地从主席台另一侧走下去。祖父回家说，校长很夸了我一番说："后生可畏也！"

母亲也很高兴，问我："你那几次鞠躬，怎么想的？"

我说："李实忱爷爷曾对我讲过，在公共场合要动容貌、正颜色，出辞气。"

祖父不高兴了，说："引用古人话要完整，你说的是《论语·泰伯》中的话。圣人说'动容貌，斯远暴慢矣；正颜色，斯近信矣；出辞气，斯远鄙倍矣'。圣人说使自己的容貌严肃，就要避免粗暴放肆；正颜色，要使自己的脸色庄重，就要接近并相信人；出辞气，就是说话语气度要谨慎，避免粗野。你一知半解，就乱用，不严肃。"

我想了想，说："李爷爷还说过，《老子》曰：'美言可以市，尊行可以加人。'这话对吗？"

祖父说："这话，大抵可概括你要表达的意思。"

母亲在一旁笑道："你爷儿俩引经据典，太费劲，人家章秦玉老师用莎士比亚一句话就说明白了：'要是您想达到您的目的地，您得用温和一点儿的态度向人家问话。'"

祖父摸摸我的头，说："这人生啊，要学的东西太多呀。"

我插的班级是三年级一班，老师姓赵名斑，四十多岁，瘦高，腰板笔直，右腿瘸，走路一拐一拐。脸秀气却苍白，很少有笑容，说话声不高，操天津口音，吐字清楚，说话斯斯文文，抑扬顿挫，很好听。同学们纷纷告诉我，老师生于天津，在南开中学读书时，学长曹禺刚刚离开南开中学，入南开大学深造。南开有戏剧传统，读初二时，他加入学生剧社。校长张伯苓的胞弟张彭春，是早年中国话剧活动家和导演。张彭春从南开学校毕业后，考取清华第二届"庚款"留学生，同胡适、赵元任、竺可桢等赴美哥伦比亚大学学哲学、教育学。他喜欢戏剧，课余钻研戏剧理论和研究戏剧表演艺术。毕业后归国，到南开帮助校长张伯苓管理学校，并负责南开新剧团工作。曹禺曾在他的影响下，积极参与话剧活动，为后来成为戏剧家奠定了基础。赵斑也颇有戏剧天赋，他参加过《娜拉》、丁西林的《压迫》和田汉的《获虎三夜》演出。1934 年南开庆祝建校三十周年，读初三的赵斑，参加了张彭春指导，林徽因担任舞台设计，从清华请来校友曹禺重演的《新村正》。虽然赵斑在剧中只演个群众角色，但能与曹禺学长同台演出，感到很自豪。

1937 年，抗战爆发前，他考入南开大学国文系，后随校迁到昆明，与北大、清华组建西南联大。他又有幸成了沈从文的学生，同窗有汪曾祺。1939 年，他与几位爱国学友，报名参加国民党军队。经过几个月的训练，成了杜聿明第五军第二〇〇师戴安澜部的一个连副。12 月 18 日，参加主攻昆仑关战斗。十天的战斗异常惨烈。重创日军的同时，国民党军也伤亡惨重，赵斑在战斗中，右腿中弹，被抬出战场，未能见到我军夺取昆仑关，日军败走九塘，国旗在城楼飘扬的情景。他在给我们讲到这里时，眼泪汪汪，声音哽咽。他受伤后被送到后方治疗，痊愈后归队，又随卫立煌、杜聿明为正副总司令的中国远征军开抵缅甸北部前线，在 1942 年 3 月 20 日，日军第五十五师团向同右进攻时，日军轰炸机轮番轰炸，弹片又击中已是营长的赵斑受过伤的腿。在被迫撤离同古战场后，赵斑又被送去治疗。治好后，因失去战斗能力，赵斑只能在后方做文书。

1945年10月，赵斑拖着瘸脚回到天津。1939年时天津发大水，其父母被决堤的海河水淹死，连尸首都无踪迹。为了生计，他只能到离家不远的第二十六小学当教员，就这样，我们成了师生。

我们都喜欢上他的语文课。他知识渊博，口才极好，讲课深入浅出，常辅以故事，说明道理。我们班有杨姓叔侄俩。据说是李叔同的远亲，现住粮店前街李叔同故居。赵老师很熟悉这位新文化运动的先驱，他曾多次到李叔同两处故居探访。

我们的音乐课，原是高云天老师教的，他刚从离我校不远的小马路（今民权路）的木斋中学高中毕业。该校由近代教育家卢木斋私人创办，我进市立第二十六小学插班三年级，正是卢木斋先生辞世之时。听祖父讲卢先生曾被李鸿章任命为天津武备学堂算学总教习，是中国最早的数学家之一。辛亥革命后，他用家产办学，木斋学校培养的学生大多学业好、能力高，不少人考取北大、清华、南开等高校。二十岁不到，帅气的高云天老师是卢木斋的远亲，学习好，尤喜文学、音乐，是木斋中学进步期刊《曝光》《晓风》的骨干，曾参加校办义务小学的教学工作。

高云天又是李叔同的崇拜者，他带着一把小提琴，给我们上音乐课，第一堂就教我们唱李叔同作词作曲的《大中华》：

万岁，万岁，万岁，赤县膏腴神明裔。

地大物博，相生相养，建国五千余岁。

振衣昆仑之巅，濯足扶桑之漪；山川灵秀所钟，人物光荣永垂。

漪欤哉，伟欤哉，仁风翔九畿；漪欤哉，伟欤哉，威灵振四夷！

万岁，万万岁！

后来又教《祖国歌》。

每上小高老师的音乐课，我们便精神振奋，热血沸腾，心中充满了自豪感。我也特别享受在他激越的小提琴中，引吭高歌的愉悦。有时，赵斑老师与我们一同上音乐课。小高老师总是说："赵老师，您也懂音乐，晚辈在圣人面前卖三字经了，您多指教。"赵老师也总是拱拱手说："博观而约取，厚积而薄发，学无止境，能者为师矣。"

1948 年 10 月，身着夹克衫的小高老师，在音乐课上突然宣布说，他要与家人离津去香港，与那里的家人团聚。深秋时节，他给同学们唱一首关于秋的歌——弘一大师的《悲秋》。他先用小提琴演了一遍，曲调有些伤感，然后自拉自唱：

西风乍起黄叶飘，日夕疏林杪。

花事匆匆，梦影迢迢，零落凭谁吊？

镜里朱颜，愁边白发，光阴暗催人老。

纵有千金，纵有千金，千金难买年少。

送别时，我们有些留恋。赵老师说，小高老师用弘一大师的歌勉励大家，好好读书。然后，他送小高老师走出教室。当小高老师回头向我们一笑时，我看出那眼神有太多的不舍。我的泪涌了出来。

送走了小高老师，赵老师在语文课上，特别给我们加讲了李叔同的《送别》：

长亭外，古道边，芳草碧连天。

晚风拂柳笛声残，夕阳山外山。

天之涯，海之角，知交半零落。

一杯浊酒尽余欢，今宵别梦寒。

听罢，我才懂得，他的词曲生生卷起人们对往昔的情怀。清凉，萧散，如一片浮云、一带青山，每次吟唱，不免有悲悯的情愫在其间。但那时随着赵老师唱，虽有点儿伤感，却不解其意。所以每次看到赵老师在前面唱，总会看到他泪花闪烁，觉得有点奇怪。

他唱完，说他在昆仑关打鬼子时，总是吟唱这首歌，战士们都学会了，便跟他一起唱，唱得大家总是泪流满面。对家乡、亲人的回忆，激起对日本鬼子破坏家园的仇恨，有一次长官听了，痴痴地怅望远处的如黛青山。那个后来由风流才子到云水高僧的李叔同，黄卷青灯后半生，怎么也不会想到，那如一阵清风从眉间拂过，在心底掀起小小波澜的《送别》，会在抗日战争中唤起民众那么高涨的爱国热情。

赵斑老师住在学校后院一间僧舍里，那时那里还住着几位老僧人，只有傍晚放学后，那个连着后院的小门才开启。有时我找赵斑老师玩，大声说笑，赵斑老师马上示意，僧侣正在晚课诵经。赵斑老师居住的小屋，面南朝阳，里面还有一个小炕，斋房的伙房烧饭时，热气从地下炕洞通过，铺席的炕是暖和的。或许因他是个军人，他的被褥拆洗得干干净净，叠得整整齐齐。炕下有一桌一椅，还有一个特别精致的红木书柜，是他从金汤桥东粮店后街口南的大货场买的旧古董，书柜里码满了线装和平装的书籍，书柜旁是一个黄檀木箱，上面刻着"二十四史"四个字，是用墨绿色描的字，非常古雅。他说，抗战胜利后，因他为国守土抗战，两次负伤，离开部队复员时，得到了一笔民间赞助的可观的退伍费。本想带给双亲，让他们安享晚年，孰料海河发大水，夺去了父母的性命，他悲痛之余，买了这两件与书有关的古董。

他的书桌上，还摆着一个用美制榴弹炮弹铜壳制成的台灯座，装上灯罩后，看上去很别致。

他是 1939 年参军上前线的，在西南联大上读过两年中文系，在军队里写过抗战诗和昆仑关战地报道，发在桂林的《国民公报》等报上。胜利后，他回到天津，在《盖世报》发表诗歌《祭昆仑关》等。他还在小学老师中组织了一个叫"光复诗会"的诗歌团体。有时，他的小屋会有几个诗人切磋诗作。

1949 年 1 月，天津解放。过完春节没几天，小学就开学了。学校操场的旗杆上挂上了镰刀斧头的红旗。开学典礼时，校长不再着西装，而是一身干部服。他没讲话，而是穿灰列宁服，把头发剪短，戴着列宁帽的音乐老师李香姣在唱："解放区的天，是明朗的天，解放区的人民好喜欢！"歌声嘹亮，师生喜气洋洋，她的名字和"香蕉"同音，我们都亲切地叫她"香蕉"老师。她租住在兴隆街，与我家那栋二层小楼隔一条胡同，距离只有二十几米的何家大院里。兴隆街修造前，俱有气派门楼，修建楼房后，被挤在一个门洞里，不再显山露水。但这座深空大院，里面别有洞天，有很多的故事。

虽然天津解放了，"解放区的天，是明朗的天"到处传唱。升红旗则唱"没有共产党就没有新中国"，赵斑老师在班上，多次讲解《没有共产党就没有中国》这首歌，并告诉我们，这首在全国传唱的歌曲，是由十九岁的年轻共产党员曹火星，于 1943 年在北平房山霞云岭堂上村解放区创作的。歌曲很快在解放区传唱。当时，国民党宣传"没有中国国民党就没有中国"，欺骗人民，曹火星针锋相对，写出《没有共产党就没有中国》，唱出人民心声。

大约半年后，歌名和歌词改成"没有共产党就没有新中国"。赵斑老师说，是毛主席听了女儿李讷唱这首歌时，加了一个"新"字。说中国已经有几千年历史，共产党才有三十年历史，加一个"新"字，才符合历史真实。

那时《没有共产党就没有新中国》是我们天天都唱的革命歌曲。

我们的老师，还是原班人马，课本也没有来得及换，教学秩序如旧。

按照赵斑老师的计划，他在故事课，连续给我们讲弘一大师李叔同的故事，每次讲李叔同，没有课的老师也搬椅子坐在教室后面听，"香蕉"老师几乎每次都到。李叔同是集风华才子和行世高僧于一身的弘一大师，开讲时，赵斑老师在黑板上用漂亮的粉笔字写着：

李叔同（1880—1942），名文涛，别名息霜。祖籍浙江平湖，生于天津粮店后街。光绪三十一年（1905），在日本东京学习西洋绘画及音乐，曾与曾孝谷等创立最早的艺术团体"春柳社"，从事话剧活动。曾扮演《茶花女》中女主角，又参加《黑奴吁天录》的演出。归国后，任浙江两级师范、南京高等师范等教员，教授绘画、音乐。

工诗词和书画篆刻，音乐造诣极深，有歌曲《春游》《早秋》《送别》等，一九一八年三十八岁时出家杭州虎跑寺，法名演音，号弘一。

我知道，我们三年级小学生，看不大懂板书的内容，显然，他是为同事听故事方便而写的。赵斑老师是抗战老兵，总爱讲昆仑关之战，所以他先给我们讲弘一大师的抗战故事。

七七卢沟桥事变，抗战全面爆发。时年五十七的弘一大师，正在山东青岛湛山寺。他立刻写横幅"殉教"，张于僧舍，并题记："曩居南闽净峰，不避乡匪之难；今居东齐湛山，复值倭寇之警。为护佛门而舍身命，大义所在，何可辞耶？"

赵斑老师先背题记，又将之写在黑板另一侧，然后说："弘一大师表达的是为护佛殉教的决心，更是为保卫国家不惜牺牲性命的爱国之情。"他还讲，李叔同到弘一大师的转折，二十余年的晨钟暮鼓，经过了日日夜夜的鱼板梵磬，在守成殉道的砥砺中，修成了云水高僧。不过，当倭寇占我中华，屠我百姓之时，他骨子里爱国之忱，便喷薄而发，惊天动地。他曾赠南国诗社领袖柳亚子诗曰：

亭亭菊一枝，高标矗劲节。
云何色殷红，殉教应流血。

大师的精神气象，可与日同辉。这正如王荆公诗曰："丹青难写是精神。"

这年夏天，前方战事正紧，厦门决定举行一届全市运动会，以激励民众的抗日热情，并举行募捐，救济因战祸和天灾而陷入困境的难民。弘一大师入佛门之后，粗茶淡饭，一衣一衲一钵，心系苍生，奋力救困济难。国难当头，他更是身体力行，高兴接受撰写运动会会歌任务。赵斑老师还特别讲到大师的惊人之举。1938 年 4 月，江南草长，春色烂漫之时，厦门沦陷。一日，寺庙来了一群日本军人，为首的是日海军一舰队司令。他早在日本就久仰大师盛名，特到寺庙拜访。弘一大师听了，平静地表达对这位香客的欢迎。对方要求用日语交流，大师以"在华言华"拒绝。那司令只好让翻译帮助交谈。日本人很有兴致地参观寺庙，临走前，那司令向弘一大师发出友善的邀请，说大师在日本享有盛誉，若能到日本讲经，当以国师之礼相奉云云。弘一大师双手合十，回曰：

　　出家人宠辱俱忘，敝国虽穷，爱之弥笃。尤不愿在板荡之时离去，纵以身殉，在所不惜！

那司令听罢，愕然片刻，怅然躬身而退。赵斑老师讲到这儿，说："都云行者痴，谁解其中味？什么菩提，什么般若，我会说，错了，我只知风檐展书读，古道照颜色，弘一大师只存一颗平常爱国心而已。日本司令走后，弘一大师满眼苍凉，心中只有家国和寺庙，他并没有以爱国者自居。"教室一片寂静，我们虽有时难以听懂，但赵斑老师脸上的严肃和语言的深沉，还是让我们懂得了弘一大师的拳拳爱国之情。坐在后排的老师们唏嘘一片。

有一天上故事课，黑板的板书是李叔同的词《老少年曲》：

梧桐树，西风黄叶飘，夕日疏林杪。

花事匆匆，零落凭谁吊。

朱颜镜里凋，白发悉边绕。

一霎光阴底是催人老，有千金也难买韶华好。

赵斑老师以李叔同为例，讲爱惜光阴，苦读诗书，莫负韶华，有志竟成，卧薪尝胆，锲而不舍，鼓励我们向李叔同学习，好好读书，长大报效国家。后来"香蕉"老师提个问题，请赵斑老师讲弘一大师的感情生活。赵斑老师先是一怔，或许考虑不好不给李老师面子，便准备简单说说。他先说，一个人的感情生活，往往能映照出人的品格和灵魂。他说，李叔同二十六岁，风华正茂，在日本留学，与一个日本姑娘福基邂逅。那时他学美术音乐，绘画需要人体模特儿。正好他租住的房东女儿福基，经常给他端水送饭。姑娘长得漂亮，身材窈窕，正是自己要找的模特儿，询问后，姑娘大大方方地应允。姑娘配合得很好，画裸素描，她大大方方。后来他的绘画展中的《裸女》，便是他们合作的作品。

我们听得出，赵斑老师讲着讲着，投入了自己的感情，故事细致生动。两个年轻人接触多了，就产生感情，接下来，二人同居。二人没结婚，是因为早在李叔同十八岁时，母亲就包办了他的婚姻，让他与天津一个茶商的女儿俞氏成了亲。不久举家迁到上海。李叔同二十一岁时，又与上海名妓李蘋香一见倾心，二人常有诗词相和。后来，李叔同看破红尘，遁入空门，将李蘋香赠的诗画，转送给好友夏丏尊，以示情缘已了断，让李蘋香肝肠寸断，以泪洗面。"香蕉"老师听着听着，早已泪花闪闪。

李叔同在三十一岁时，1911年3月，偕福基回到上海，安顿住下。转年，李叔同携妻子俞氏和两个儿子回到天津老宅生活。有时他会到上海看望福基。

1949年，社会发生着巨大的变化，但生活还按惯性延续着，学校已多见新气象，旧的秩序并没有"改天换地"。尽管有时教育局新干部到学校传达新政策、新精神，都是原则性的。学校的老师依如旧我，民国留下的东西主宰着校园。

赵斑老师一直热爱着文学，经常写诗，"光复诗会"搞得有声有色。他的故事课，不仅在本校受师生欢迎，在校外也得到好评。校长曾找到他，希望故事课多增加新的内容，能否搞一个区公开课。赵斑老师拒绝了，说我讲李叔同，只因我个人崇拜这位新文化运动的重要代表之一，他的故居又与咱学校同街，我们班还有弘一大师的亲戚后代，缅怀中国现代艺术启蒙教育的先驱者而已。双方不欢而散。

在讲弘一大师故事期间，赵斑老师还带几个包括我在内喜欢语文课的学生，由杨氏叔侄引路，参观了粮店前街李叔同的两处故居。先到杨氏叔侄住的坐落在粮店前街东侧，陆家胡同东口二号李叔同出生的三合院宅第。杨氏叔侄之叔良左，把我们引进高大的门楼，两扇黑色木门已残破，"高风所泊，薄俗以敦"对联依稀可见。门洞那里摆着相对的两条长木凳，年代久远，虽已显斑驳，却磨得油光锃亮。这是一座三合院大院落，虽已成大杂院，但每个院都屋高廊长，房舍整齐有序，院里花木葱茏。据赵斑老师估计，杨良左家是李叔同母亲家族的后人。他家独住的里院，是个类似北京的四合院。四面房舍，以廊相连，围着一个有近一亩的院落。时逢春天园子里有花圃，石榴花开得红火；有庄稼蔬菜，玉米长得人一般高，春韭碧绿一片。杨良左父亲四十多岁，像个不得志的书生，把我们让进坐北朝南的客厅。客厅大而空荡，显得清寒，只有几件老家具，一张长桌上有笔墨纸砚。因我常到杨良左家来玩，杨良左每天都去我家别墅客厅听小喇叭广播，所以我也跟他父母很熟。杨良左父亲读南开大学一年级时，因患病退学，又逢其祖父因肺病去世，家道中落，只能靠典当家产为生，好在他学会了农事，偌大的园子粮菜基本自足。他家最珍贵的是李叔同赠给杨良左祖父的一套康熙年《子书百家》，藏在樟木箱子里，因我家也有一套，知道那是用蓝布为套、象牙为签的十函一百本线装书。杨良左父亲在最艰难的时刻，都未舍得典当。

我们在院子里玩耍时，赵斑老师与其年纪相仿的杨叔叔，坐在客厅里聊天，后来，他们成了朋友。听说他也参加了"光复诗会"。一次，我去赵斑老师的宿舍去请教学问，见他正在炮弹壳台灯下读一本线装书。他说，这是杨良左父亲的诗集，是他自己精心装订的，与上海扫叶山房出版的线装书难分伯仲。赵斑老师如获至宝般连声说："才华横溢呀！"我将赵斑老师的话传给杨叔叔时，杨叔叔那张苍白的脸上泛起一丝喜悦，然后又转身连连咳嗽几声，并示意让我离他远些。我知道他有肺病，怕传染给我。有一次，祖父来天津办事，我请祖父带我家的朋友——第一医院肖爷爷——去给杨叔叔诊治。祖父就与肖爷爷由我背着药箱带领去了粮店后街六十号。路上祖父对肖爷爷说，他在 1939 年到过这六十号，当时院里有李叔同的表哥，五十九岁的李某，拟去台湾，托人找杨扶青爷爷，祖父帮他办了。肖爷爷给杨叔叔看病后，安慰几句，并留下一些药品告辞。回到别墅，祖父说，你肖爷爷断定你同学的父亲得的是肺痨，未坚持治疗，已到晚期，凶多吉少了。一年后，杨叔叔真的咯血不止而绝命。赵斑老师与"光复诗会"的朋友，帮助简单料理了后事。此后，他待杨良左如同亲人。

参观完二号三合院之后，由杨叔叔带领，又到粮店后街一处有着高大门楼，李叔同度过少年时光的深宅大院，据杨叔叔说此院已有一百五十多年，清同治晚年时所建。占地多亩，沿粮店后街而建，坐西朝东。房舍六十余间，大院分南北两部分，各有前后院，形成"田"字形。有特别气派的"虎座"门楼，虽不比北京王府宏伟，却磨砖对缝，有精美砖雕之百兽飞禽。门道里有砖刻照壁。当年门楼上和门过道内悬挂"进士及第"和"文元之家"两个镂金大匾，显示山仕宦门第的尊贵。进得门楼，可见左院的两个砖木砌的垂花门，有南北房各三间，东西房各五间，前脸有"金樵耕读"之精细木浮雕装饰。前院右侧，有花园，建有竹篱围起的藤萝架，名曰"意园"。意园有一大间西房，是李叔同从日本留学回来后改建的"洋书房"。原意园有一"中书房"，李叔同读书和在师范教书时，这里是读书、习字、绘画和会客的地方，屋内以樟木制的书柜装有五千余册线装古书。中、西书房有南侧的木长廊相通。后院西房有四进五间。北院有高大宽敞的房舍，装有玻璃隔房，光线充足。西南角有一抱柱书橱，屋内装饰典雅，是李叔同父亲李世珍的住所。与其相对的南房，是少年时代李叔同的居室。

我们参观时，这些房舍尚存，但房舍早已易主，过去的屋内陈设也不复存在，面对已破旧残破的李叔同故居，一直拿着本子用钢笔记录的赵斑老师，默默无声。回班后，他说了一句让我记了一辈子的李白《把酒问月》中的两句诗"今人不见古时月，今

月曾经照古人"。那种人生苍凉、伤感，写在赵斑老师的黯然目
光中。

一个星期日，赵老师组织了一次我们班级的李叔同诗歌朗诵
会，校长很支持，主持了朗诵会，并朗诵了一首李叔同的诗。区
里小学老师来了不少观摩，"光复诗会"的成员也来了不少，有的
也朗诵了李叔同的诗。"香蕉"老师演唱了《送别》。

朗诵开始，由杨良左的父亲杨叔叔简单介绍李叔同大师的成
就，他说，当年奥租界的粮店后街，有两个大家族，河东冯家和
桐达李家。桐达李家以开桐达钱庄而发家出名的。但真正闻名于
海内外的是李家的李叔同，他是中国近代文化大师和佛家大师。
听说赵斑老师给同学们讲过，但考虑你们的年龄太小，只是简单
介绍。其实李叔同大师，集诗词、书画、篆刻、音乐、文学、戏剧、
佛学于一身，在多个领域开中华灿烂文化之先河。他是中国传播
世界音乐的先驱，是第一个把西方绘画引进中国的大师，第一个
中国话剧的创始者。他的书法艺术"朴拙圆满，浑若天成"，独步
书法界。他在皈依佛门之后，精研佛学，复兴了中断七百多年的
"南山律宗"，教导众僧"念佛不忘救国"。

最后，杨叔叔非常动情地说："作为李叔同的亲戚，我十分理
解弘一大师的宗教情怀。这里有一种指向内在超越的人生定位，
一种追求真实生命、终极意义的博大热情，一般人不能理解他从

风华绝代到云水高僧的抉择，这未必归于虚妄，更不是清夜猛醒的红楼一梦。"

在掌声之中，杨叔叔默默坐在我的身边，苍白的脸上有些虚汗，他是用情讲上面那些话的。我之所以能记住他的发言，是因为后来去他家时，他用毛笔写了一篇类似上面的发言，让我带给赵斑老师。我抄写下来后，送到僧舍那边。

赵斑老师最后朗读李叔同写于1938年10月，为勉励泉州承天寺众僧发扬爱国主义精神的一段话：

念佛不忘救国，救国必须念佛。佛者，觉也，觉了真理，乃能誓舍身命，牺牲一切，勇猛精进，救护国家。是故救国必须念佛。

赵老师讲他在杭州虎跑寺出家剃度，法名演音，号弘一。他的好友丰子恺曾写《为青年说弘一法师》，文中回忆，他跑到虎跑寺见到弘一时，"他已光着头皮，穿着僧衣，俨然一位清癯的法师了"。

弘一剃度之后，托好友杨白民到上海告诉日本情侣福基自己已经皈依佛门，然后再托他将福基送回日本。此厢弘一情缘已断，那边福基仍一往情深。在福基的坚持之下，杨白民只好带她到虎跑寺。弘一不好回避，同意在西子湖畔与福基相晤。弘一面如沉钟，福基泣涕涟涟，苦苦相求，要他为了过往那段深深的爱情，不要入空门。弘一去意已决，摘下腕上的手表作为诀别的纪念，然后平静地为福基雇了一叶小舟，转身乘船回了虎跑寺。

赵斑老师引用了文化名人黄炎培所记弘一与福基的离别情景。弘一乘船后，"从不回头。但见一桨一桨荡向湖心，直到连人带船一齐埋没湖云深处"，福基凄切的哀号在湖上飘荡，却已传不到远去的人耳里了⋯⋯

眼前听的人，都为赵斑老师的讲述所感染，"香蕉"老师甚至有些哽咽。

1951年暑假，我与母亲到北京看望祖父和父亲，住在禄米仓宅院。去百花深处看祖父时，我们谈赵斑老师讲李叔同之事，祖父说起了曾任河北省教育厅厅长的陈宝泉。他说，自己在1931年时对教育颇感兴趣，曾去请教陈宝泉先生。陈宝泉曾任北京高等师范学校（今北京师范大学）校长，很有能力，直接影响祖父在昌黎办女校，任昌黎汇文学校校董，创立完小，成立"汪华堂奖学基金会"。陈宝泉知祖父在天津意租界，也很关注李叔同，便告诉祖父，民国四年（1926）赴浙江参观时，曾在杭州烟霞洞与李叔同不期而遇，那时大师正在杭州，从事西洋艺术教育。陈宝泉与李叔同有世交之谊，在天津相交已深。后来陈宝泉回忆此次相见的情景时说，原来"翩翩浊世佳公子"，而眼前"变昔日矜持之态，谦恭而和易"。陈宝泉殷切相邀他到北京高等师范学校任教授。李叔同很谦恭地微笑应承。但当陈宝泉回到北京，李叔同复函，婉拒来校任教。不久，李叔同落发为僧，成为弘一。

到了读大学时，我从祖父的书房里，看到陈宝泉先生赠给祖父的《退思斋诗文存》（四卷），线装，石印，梓行于民国二十二年（1934）。其中文存三册，诗存一册，文存中有《忆日》一文记录在杭州相遇之事。李叔同将1906年8月作于天津的《喝火令》，以其独创的"蕴藉有味"的绝尘书法写在纸上，赠给他，以示对老友的怀故之谊。

回到天津，我将祖父说的有关陈宝泉与李叔同的友谊，告诉了赵斑老师。赵斑老师很了解陈宝泉先生，他微笑着说："陈李二位，各有成就，其友谊，系君子之交。己善，亦乐人之善也；己能，亦乐人之能也。"

大约是1951年9月，我刚升入五年级，祖父当了政协委员，把天津、北京的企业、房产大部分捐献给政府，宣布退出商企界，在北京安度晚年。父亲也回到天津，先经营兴隆街九十九号母亲创办的同丰昌文具店，后又操医师老本行，被市第一医院聘为中医医师，吃起"皇粮"。祖父将天津房产捐给政府，一处是现在天津教育局所在的那一栋大楼，小白楼一带有两栋，加上曾是我儿童时代乐园的三层大别墅。年迈的秦爷最终未能在我家终老，而是被杨二接到家中，视之如父，为其养老送终。司机杨二到一汽

120

修厂当了工人。他们各自找到了工作。属于父亲母亲的房产，有意租界回力球东侧兴业里的一处院子，一处就是兴隆街九十九号了。我失了乐园，自然很失落，好在祖父留下了不少图书，足够我读一辈子的。到1952年，"三反"方炽，"五反"猛烈。"三反"与我家无关，是反贪污、反浪费、反官僚主义。而"五反"则是针对向社会主义发动进攻的不法资本家，让他们坦白交代自己的问题。周而复的《上海的早晨》有形象的反映。父亲说："你祖父早就将产业捐给国家，干干净净当政协委员，免去许多麻烦。这是大智慧。"

　　社会主义的强劲之风，也吹到了学校。1951年9月，我上五年级时，我们小学传达了周恩来总理在参加北京、天津高等院校教师学习会上做的《关于知识分子的改造问题》报告，就如何确立革命的立场、观点、方法等问题做了说明。我们小学的政治空气高涨起来，政治学习热火朝天。我们的故事课开始讲毛主席的青少年时代、朱德的扁担等事迹。"光复诗会"也再无活动。每天晚上都是政治学习。连衣着也发生了变化，赵斑老师先前一件旧西服，一上身就不再换，而现在一件蓝中山装，连风扣都扣严，还戴了一顶列宁帽。赵斑老师常常沉默寡言。原来的校长参加过国民党，被撤职送到农场劳动去了。

　　谁都没想到，李香姣老师被教育局任命为校长。后来我们才清楚，她住在何家大院时，常有个半老的男子跟她住在一起，邻居以为是李老师的父亲，我们有时去李老师那里，见到半老男子叫"爷爷"，他只是笑笑。其实，那个半老男子是一位老干部，因在解放天津战役中负伤，脱下军装进入区委。李香姣在中学时，参加革命活动，秘密入党。刘亚楼的部队围攻天津时，她与几位女同学被地下党组织秘密派到四野，经过培训，就到战地医院当护理并正式参军。攻城战役打响不久，有一位师级干部被抬到医院抢救，从此，李香姣老师就一直陪护。自古美人爱英雄，李香姣老师对这位能征善战的首长就有了感情。天津解放后，她又随这位首长转入天津总医院。首长康复后，与老家父母包办的妻子解除婚约，与李香姣老师成了夫妻。为了工作方便，他们没有去住小白楼的宽大洋房，而暂租何家大院三间高大敞亮的西房。

1951年2月21日，中央人民政府公布《中华人民共和国惩治反革命条例》，市里对反革命分子严厉打击，纠正前段时间"宽大无边"的偏向。《中华人民共和国惩治反革命条例》为镇反斗争提供了法律依据和量刑标准，在全国形成镇反运动高潮。学校不断公布被枪毙的反革命名单，还组织学校师生到现场观看枪毙反革命的场面。比如枪毙汉奸恶霸袁文会，就轰动津门。

但是，令人想不到的是，赵斑老师在1952年底从小学被押走。

那天，我们正在上语文课，是点评作文。我的作文被视为范文，由我朗诵，该点评别人作文时，两个穿白色警服的公安人员，推开教室门，走了进来，问："你是赵斑吗？"赵斑老师平静地回答："我是。"警察出示逮捕证："你被捕了！"他们给赵斑老师戴上手铐时，他回头对我们点点头，被带走了。我们看到李香姣校长在教室门口，对赵斑老师说："只是审查，你要好好配合。"

听别的老师说，在逮捕赵斑老师前，李香姣校长曾对警察说："你们出示证据，并不准确，望你们实事求是，别冤枉好人，这也是校党支部的意见。"

赵斑老师被捕后，又有警察到他的宿舍去搜查，带走了一些书信和美炮弹壳制的台灯。那里的老僧说，是夜间来搜查的，还向他问了一些问题。然后，他很惋惜地摇摇头，不再说话。

赵斑老师的工作，由五十多岁，高度近视的女老师冯媛代替。这位老燕京大学毕业生，曾在南开大学任教，因丈夫在抗日战争中死于非命，辞去教职，赋闲在家，解放后才出来做小学老师。冯老师慈爱而和蔼，喜欢孩子。她讲课不大通俗，长篇大论，引经据典，我们云里雾里地听。不少同学不再喜欢语文课，而我在似懂非懂中得到了文学的乐趣。

冯老师也讲李叔同，似比赵斑老师更了解他。听到的老师说冯老师的家庭是一世家望族，天津粮食业大户，当时被称为"河东冯家"，家资雄厚，七七事变后，冯家迅速衰落。她家与李叔同家不远，她父亲曾在她读大佛寺小学一年级时，带她去过粮店后街六十号李宅，见那时与冯媛之父是世交的李叔同。李叔同三十二岁，准备离津，他们前去送别，在意园西书房相晤。在她印象中，李叔同清瘦端庄，举止谈吐优雅，印象极为深刻。用冯老师的话说，"与大师其识也晚"，他的眼角眉梢，已爬上几分暮气，却让人有伫望苍然远山之感。在谈到弘一大师归终绝笔，付与夏丏尊的偈句"君子之交，其淡如水，执象而求，咫尺千里，问余何适，廓尔忘言，华枝春满，天心月圆"时，她忘记面对的是一群五年级的少年。她完全进入了自己的语言系统，又似自语，去言说那不可言说的渊默："弘一大师所开启后人的，原是如此的哲人三昧！"

我们升入六年级是 1952 年，政务院颁布政府人员薪金标准，山海关内，政府工作人员（包括老师）分为二十九级。最普通的工作人员，每天粮食 0.8 市斤、白布 0.2 尺、油 0.05 市斤、食盐 0.02 市斤、煤 2 市斤。当冯老师领到每月粮 24 斤、布 3 尺、油盐各 1 斤多、煤 60 斤时，我们帮冯老师送到她住的奥租界海河东府的一栋二层小楼里。她有一间卧室、一间书房、半间厨房。卧室整洁，墙上挂有一张很大的黑白照片，一身军官服的很英武的男人微笑着。我猜是在抗战中牺牲的冯老师丈夫。书房摆满了书柜。

老师坚持让我们五个同学喝杯茶。我们也不客气。我喝出来是武夷山的岩茶，英国王室爱喝的正山小种红茶。茶具很讲究，是清中期青花瓷。我们临走时，冯老师把粮、油、布、盐又加了一袋糖，分给五个同学，说她家不缺这些。回家路上，我又将我那份给了杨良左，他父亲去世后，家境艰难。

有一天，冯老师让我带她到何家大院去拜访李香姣校长。她是向校长辞行的，她在澳门的亲人已为她联系好到香港大学任教。在离开李校长家时，冯老师殷切地希望学校设法营救赵斑。李校长说，徐老师放心，我们一直在与警方沟通。

后来听老僧说，李校长多次到区里保赵斑都被驳回，并受到区委批评。市佛教协会还找老僧谈话，告诫他不要乱说。临了，老僧双手合十，曰："阿弥陀佛……"转身走回僧舍。

或许是上苍眷顾，我的一生似与李叔同有不解之缘。1955 年，我就读天津十中时，校长高去疾曾是李叔同在 1911 年天津任教时的学生，得其真传，精音律诗词。他曾给我们几个文学爱好者讲李叔同诗词，还说李叔同在文学、音乐、戏剧、绘画方面造诣极深，还是围棋高手。有一次，他们师生对弈，他输得一败涂地，之后老师细心给他讲对弈之道。我与高校长对弈，自然很快败下阵来，高校长以李叔同之法，鼓励我，我苦心学习两年，使我有幸成为学校围棋友谊赛之魁首。

1958 年，我转学到北京第六十六中读高中。教我们语文的女老师叫林逸君，她诗书满腹，举止端庄，语言优雅，又有大家闺秀的洒脱风范。林老师因丈夫虞愚于 1956 年 8 月奉国务院调令进京，参与《佛教大百科书》的编纂，携两个女儿落户北京，其住处在离第六十六中很近的法源寺旁。

虞愚先生，字北山，是中国哲学史家、佛学家、书法家，对因明之学造诣尤深。初在佛学院任教，是中国社科院哲研所研究员。1986 年 8 月，我曾到青岛组稿，偶听作家朋友说，青岛将举办"中西文化讲习研讨班"，虞愚先生应邀参加演讲，我有幸在那里与虞先生重见。

自 1960 年读大学，与虞先生阔别二十六年矣。握手之际，先生两鬓花白，略显发福，眼镜似较前更厚。那个我印象中梳着黑黑平头，戴着黑边圆眼镜，总是微笑的中年儒雅学者，已近暮年。他紧握我的手，感慨地对他的朋友说："二十多年前，我夫人的高徒，那时是青春年少、意气风发的文学少年郎，如今与我相晤，已四十多岁的中年人了。"

虞先生也感慨地对我说："人生天地之间，若白驹之过隙，忽然而已，人之百年，犹如一瞬啊！"

七十七岁的虞愚先生，学问精深，深入浅出，他的讲演受到热烈欢迎，我记得他在回答听众提问的研究佛学意义时，说了我至今牢记的话："我们研究佛学，要能入，又要能出，既须钻进去，又须跳出来。"

我在第六十六中读高中，与语文老师林逸君的两个女儿是同届。同班的叫虞嘉，另一班的叫虞琴。姐妹俩性格不同。虞嘉有男孩儿气，健谈大方。虞琴沉静，喜文艺。我和虞琴都考上了北京师范学院（今首都师范大学），我学中文，虞琴读外语。因我经常去林老师家，加上与虞嘉、虞琴熟，感到像回家一般，遇到饭点，就与他们同桌就餐，林老师最拿手的厨艺，是将馒头切成薄片，用黄油煎，入口焦脆，味道甚佳。舒芜老先生于1956年春到虞愚先生家探访，看丁香，吃了些油煎馒头片，著文称"火候恰好，口味甚佳"。

2018年，第六十六中的老同学在陶然亭聚会，虞嘉小声对我说："我有一个疑问，一直没弄明白，20世纪60年代，你经常往我家跑，除了师生之情，是否另有所图？"我知道她在问为什么没有与她妹妹虞琴相好。为此，虞嘉曾主动为我们撮合，但感情这东西是讲缘分的，况且那时尚年少，只有师生情、同窗谊，天真无邪，哪里懂什么爱情。虞嘉笑了。老同学大都笑了，大声齐说："少年时，我们不懂爱情！"

虞愚先生有时在家挥毫写字，但见用柔毫书刚硬之字，匠心独运，自成一格。与欧阳中石先生谈到虞愚先生的书法时，欧阳中石称其"丰仪神采"。后来，我与老同事聂绀弩谈起虞先生的书法，聂老说"虞先生曾称赞过我的字"，说时甚是得意。

与虞愚先生请教书法，虞先生说受益于弘一大师。1937年，他在南京求职，于右任邀留监察院，先任监察院报编审，后就任于右任办公室主任，为其撰写应酬文字。虞愚所著《因明学》由中华书局出版，成为当时大学哲学系的参考书。同年，他书写文天祥《正气歌》，参加全国美展，后收入商务印书馆出版的书法书籍中。

不久，淞沪会战爆发，虞愚返回厦门，失业居家，伏案著书习字。他多次参谒请益李叔同，深受大师书法之布局，强调图案美，以及清净、谨严结构的影响，遂有师生之情。后虞先生带我到书房看他与弘一大师、蔡契诚合影的照片：大师衣着袈裟，手持佛珠，端坐藤椅，蔡契诚一袭长衫站左，虞愚着深色西装白裤立右。那时虞先生才二十七岁，风华正茂。

第七章

我同学的哥哥，画苍鹰的大学生

同学王蕴生和他读大学国文系的哥哥王茁生共居的卧室的墙上，画满了姿态各异的彩色的苍鹰，原本泛黄的几面墙壁，成了苍茫无际的天空，任那些雄鹰自由翱翔。

章老师带我参观过南开大学举办的美术展览。王茁生所画的一只栩栩如生的苍鹰，吸引了她的目光，她驻足欣赏了许久。正好含光女子中学教美术的老师进了产房，章老师就请王茁生当了临时美术老师。学生们很满意。

章老师过万国桥，去劝业场购物，正逢学生举行反内战、反饥饿的大游行，见到王茁生举旗走在队伍中。

还有一次，在马可·波罗广场，章老师碰到学生为难民募捐。王茁生跑到章老师的面前，抱着募捐箱，笑着说："阿姐，让您破费了。"

王蕴生与梁启超的二夫人，我称王太奶的王桂荃，都是四川广元人。他们沾亲带故，这为研究梁启超家庭教育的章老师，提供了太多的方便。

一天，王茁生突然到我家，问章老师："阿姐对解放军和平解放长春，攻克锦州，国民党军仅剩孤城沈阳怎么看？"章老师深思片刻，背了杜甫《洗马兵》诗之"安得壮士挽天河，尽洗甲兵长不用"句作答。我知道章老师表达的是洗尽兵器，停止内战的意思。王茁生站起身，拱手说："阿姐，受教了！"

很多年后，章老师在台北病逝，已过花甲之年的王茁生，一袭白衣，跪在灵柩前，怆然痛哭："阿姐，阿姐……"

1948年9月，我到天津市立第二十六小学插班读三年级，特别高兴，班里有个熟人王蕴生，他住在我家别墅东侧一栋联排别墅里。我们从小一起玩着长大。他家住复式三层，一层有个小过厅，上木楼梯，二层是客厅和一间书房及一间小厨房，三层有两间卧室。其格局与北面曹禺家相似。他父亲是银行职员，母亲曾是天津名媛，后在家相夫教子，他的哥哥王茁生在南开大学读国文系，却能画极具水准的油画。我最喜欢看他站在画板前，细心勾勒苍鹰的专注忘情姿态。当一幅展翅飞翔的苍鹰画毕，他总是退后几步，眯着眼睛看它，仿佛那鹰真的飞上了蓝天。他和弟弟王蕴生的卧室的墙上，早已画了多只不同姿态的彩色苍鹰，使原本已变黄的墙壁变成了苍茫的天空，任那些鹰自由翱翔。

　　有一次，王蕴生到我家与我一起做作业，章老师看到王蕴生的白帆布书包上画有一只鹰，很感兴趣，得知是其兄所绘，又听我说在他卧室是鹰的家园，就让王蕴生介绍与其兄见面。一个星期天，章老师约王茁生在回力球咖啡馆会面。

那是秋日的下午，王茁生和王蕴生兄弟二人如约到场。王茁生个头高挑，着黑色校服，白皙的脸上浮着微笑，很帅气斯文。章老师与王茁生一见面，都笑了，几乎异口同声说："啊，原来是你呀。"落座后，他们彼此问了问各自学校的情况。

章老师就开门见山地说，含光女子中学的美术老师，马上就要生宝贝，希望王茁生来代课。

王茁生很俏皮地问："阿姐怎么会想到我？"

章老师很干脆："就凭你在蕴生书包上画的那只一飞冲天的苍鹰。"然后又说，她曾带学生去过南开大学的一次美展，对他参展的那几幅鹰印象深刻。

王茁生不再推辞，答应每周六下午，到含光女子中学上合班的美术课，并辅导课外美术小组。章老师很认真，说绘画与教美术不同，希望王茁生多做些教学准备。

临走，王茁生突然问章老师："阿姐对解放军和平解放长春，攻克锦州，国民党军仅剩孤城沈阳的局势怎么看？"

章老师一怔，放下咖啡杯，沉思片刻，说："杜甫《洗兵马》诗曰'安得壮士挽天河，尽洗甲兵长不用'，说的是怎么能够挽银河之水，洗尽兵器，停止战争和杀戮。抗击日寇，保家卫国，血洒沙场，浩气冲天，但爆发内战，自家人打自家人，'白骨成丘山，苍生竟何罪'？"

王茁生站起身，拱手对章老师："阿姐，受教了！"

后来，章老师对我说，前不久天津闹学潮，她在劝业场附近，遇到南开大学等大中学校举行的抗议物价上涨、民不聊生的游行队伍。王茁生举着校旗，行进在队伍前头，正气凛然。章老师还在海河东岸，看到过王茁生和学生一起搞募捐活动，接济流离失所的难民。见到章老师，他跑到面前，收了捐款，鞠躬致谢。

一个周末下午，我和王蕴生到离我们两家不远的原西马路（今民族路）四十六号梁启超家去玩。每年的春节和中秋，我总随祖父到梁府给王太奶磕头拜年和看望，祖父称王太奶为王夫人。她是由梁启超夫人李蕙仙做主，为丈夫挑选的第二夫人。王太奶原是李蕙仙府里的丫鬟，是作为陪嫁使女到梁家的，叫王桂荃。李蕙仙生梁思成等两女一男，王桂荃生了梁思忠等四男二女。

王太奶和善慈祥，每次去看望她老人家，她总是拉着我的手"乖宝贝乖宝贝"地叫，让用人端瓜果糖给我。看得出，膝下儿女都已长大成人，各自忙着自己的工作，老人有些寂寞。

我和王蕴生走进王夫人家那左右各有一座别墅的大院。1929年院里先盖的那栋楼已卖掉，我们直奔左边那座王太奶住的楼房。王蕴生扑到王太奶的怀里，撒娇地叫着"阿婆阿婆"，老人叫着"乖崽乖崽"。

王蕴生说，听老人们讲，他们都是四川广元人氏，与王夫人家是远方亲戚，王蕴生的祖父是王夫人祖父的侄子。王蕴生的祖父光绪年间中了举人，后在巴中当了县令。五四运动波及广元，王蕴生的父亲到北京大学读书，毕业后，就职于天津金城银行。但总归是多年没有联系的远亲，两家只是礼节性地往来，并无深交。因王夫人喜欢孩子，王蕴生兄弟有机会常到梁宅玩耍。

我祖父认识梁启超和王夫人，多少带点儿戏剧性。当年，十八岁的祖父到东北经商，在昌黎的朋友杨扶青的帮助下，生意顺风顺水，财源广进，在河北一带和东北地区声名远播。甲子年（1924），李大钊避难于昌黎五峰山，得到共产国际邀请，代表中共参加共产国际第五次会议，但难以筹到经费。杨扶青找到我祖父，二人即刻筹五百银圆，交给李大钊，让他顺利乘火车到莫斯科开会。不久，杨扶青与祖父到北戴河避暑。德国于第一次世界大战战败后经济凋敝，有个德国商人要卖北戴河的一座别墅。祖父买下并装修后，每年盛夏带全家并邀请杨扶青去避暑踏浪。巧得很，丙寅年（1926），祖父与杨扶青正在海滩的遮阳伞下小憩，见不远处有几位游客缓步过来。杨扶青忙站身，对祖父说："梁启超公。"然后二人向前迎迓，杨扶青将祖父介绍给梁公。

那时，梁启超五十四岁，个头不高，头发稀疏，前额宽阔，髭须短薄，双睛明亮，其儒雅之气给祖父留下了深刻的印象。梁公在北戴河休养一段时间，杨扶青与祖父几次拜访宴请，见到同去的夫人王桂荃。王夫人虽已生育四男二女，人到中年，却仍显得很年轻。有趣的是，谈话中不知因什么，杨扶青说了几句日语，王夫人立刻用流利纯正的东京日语，与杨爷爷攀谈起来。梁启超笑而不语，似当年在日本听窗外大海的波涛。

光绪三十三年（1906），梁启超与王夫人迎父亲莲涧先生至日本。那时梁启超办的《新民丛报》与同盟会机关报《民报》，就立宪与共和总是展开激烈论战。王夫人陪伴梁启超左右，次年得子思忠。

祖父与梁启超先生在北戴河相识，一个政治家、学者，一个生意人，各有各的世界，很难成为至交。后在天津意租界成为比邻，祖父仰慕梁公学识人品，每逢节日总去拜望。只有一次春节，王夫人曾令其子思永代她到我家给祖父拜年。应章老师之要求，戊子春节，祖父带我和章老师到西马路四十六号梁府去给王夫人拜年。章老师见王夫人后，印象极为深刻，甚至超过她一直服膺的梁启超。她在英伦读书时，一位汉学家就指导她读过1905年的重编本《饮冰室文集》。而她更爱读的则是《梁启超家书》。戊子年，中国首次设立院士制度，梁启超之子思成、思永同时当选，这让章老师对梁启超的家庭教育之道，备感兴趣。当事人梁启超及原夫人李蕙仙已羽化成仙，但梁家的王夫人尚健在，这对研究梁家家庭教育是个活着的重要切入点，这让章老师兴奋不已。她开始收集有关梁家的资料，她到市图书馆、含光女子中学图书室及我家大书房浩如烟海的书报中搜寻、淘换。我在她的办公室，看到收集到的相关资料记了好几本笔记，有几大包报刊书籍。

她得知王茁生与王桂荃家有点沾亲带故，得机会就在咖啡馆、含光女子中学办公室，访谈王茁生，有时还约王蕴生的父亲谈有关王桂荃的情况。

有一次，章老师带着我到万国桥南一家法国咖啡馆，与王蕴生及其父喝咖啡，聊王夫人的事儿。

王蕴生的父亲，五十多岁，西服革履，儒雅斯文，说话语速慢而简约，却条理清楚。那次他谈王桂荃太奶，似乎也知之不多，他综合了一些家人对王太奶的一些认知，说了下面的话。

梁启超与李蕙仙、王桂荃共生五男思成、思永、思忠、思达、思礼，生四女思顺、思庄、思懿、思宁。孩子们管李蕙仙夫人称"妈"，叫王桂荃为"娘"。或许因李蕙仙之兄李端棻是梁启超考中举人的主考官，出身显贵，其在梁家地位自然尊贵，由丫鬟升为二夫人的王桂荃终归有主仆之别。孩子们对李蕙仙的威严敬而有畏，对王桂荃的温和爱护，自有亲切之感。让孩子们称"妈""娘"，应是梁启超和李蕙仙商量而定，有尊卑之分，但对孩子们便只有亲疏之别。梁思成对其生母李蕙仙感情不深，对王桂荃十分亲近和尊重。

在王蕴生父亲的眼里，王桂荃是一位奇特的女性。他曾听梁思成说："娘是个不寻常的女人。"李蕙仙夫人与王桂荃从小就一起生活，知根知底，对其人品和能力十分清楚，一生都视为贴心可靠之人。日子一久，王桂荃便成了她的得力助手。最让她满意的是，自己的各项意图都通过这一助手得到执行落实，王桂荃把一个大家庭经营得妥妥帖帖。后来，凡属梁家家务和对外联络的重任，都由王桂荃来办，办得井井有条。更可贵的是，王夫人从不指手画脚，遇事总是亲力亲为，以身作则，家人用人无不宾服。

她与梁启超一起到日本，在一定程度上接触了日本社会的现代文明，她又是一个才女，到日本不久，即说得一口流利标准的东京音日语，让人稀奇。

王蕴生父亲最后说："王桂荃夫人是一位有才华、有见地、有才能，既有感情又有理智的善良女性。一个丫鬟出身的女人，能支撑起一个偌大梁家，相夫、教子、治家，样样出色，奇女子也。"

章老师听罢，道："请先生谈谈梁启超先生与王桂荃女士之间的感情。"

王蕴生父亲喝了口咖啡，极简捷地说："梁启超把梁家的财政大权交给了李蕙仙，却把爱情交给了王桂荃。"

章老师听罢，笑了说："与一个是举案齐眉，相敬如宾；与另一位是红袖添香，两情相悦。梁公在两夫人之间讲合而不同，求同存异，真让人开了眼界啊！"

王先生一怔，接着也笑。我和蕴生不明就里，也跟着傻笑。

后来，我发现章老师与梁家越走越亲近，常常独自一人到饮冰室，有时王太奶会留下她吃饭。

有一次，祖父与父亲及两位职员从北平到天津办事，住了差不多一周。四人一起去过二马路三十八号，很具意大利风格的砖木结构的三层八楼八底的别墅，看望两次任天津市市长，现当寓公的张廷谔。因生意上得到过他的帮助，特别是抗战后他关心南开大学复建，校长张伯苓很感激他，也得到祖父的敬重。听说他不久将赴台湾，祖父便去与这位河北丰润老友告别。老友见面，都很高兴，张廷谔与祖父谈到天津官场斗争激烈、政府腐败时，表情沉重。在回家路上，祖父叹息道："一个不是蒋的嫡系小官，去台湾，前途难料啊！可惜了，1935年《何梅协定》签署，华北政局为日本人所控制，张市长拒不与日本人和亲日分子同流合污，是个有良心有血性的爱国者，如今要远去漂泊……"

后来，从母亲口里得知，祖父、父亲一行四人到津，是办理章老师年底赴台事宜，得到张廷谔的帮助，一切顺利。祖父办妥此事，长长舒了口气。

就在那天晚上，吃过晚饭，在二楼小客厅，章老师告诉我和母亲，说下午王苗生到含光女子学校找她，说是辞行。她看他只带一个美国兵用的旅行袋（这种军需品到处都有卖），问他兵荒马乱之年到何处旅行。他说我和几个要好的同窗商量好，弃笔从戎。章老师看着这个一脸稚气的年轻人，告诉他，这个抉择将关系他的前途甚至生命。他拿出一张用宣纸画的展翅飞翔的雄鹰，送给章老师，说："阿姐，我是鹰，要在自己的天空飞翔或殒命。"

讲到这里，章老师哭了，说："他还只是个大孩子。"母亲无语，陪着落泪。

我听罢，得到母亲允许，去到王蕴生家。他家里很平静，王蕴生父母和往常一样，微笑着让我坐下，让王蕴生端水果。

我问王先生："叔叔，苗生大哥从军，为什么不拦他？"

王先生依然极简洁地回答："十九岁，有权利选择生活。既然选择从军，总有他的道理。"

王太太的表情也淡然，似乎家里没发生生离死别的大事。

王蕴生送我时，却很难过，说："从军就要打仗，子弹是要命的。别看我爸妈说得轻松，真要哥哥出事，就受不了。"

他还告诉我，一天，哥哥带回家里十来个同学，在他卧室商量了参军的事。他们有争执，不欢而散。

祖父知道后，说："人生就是不断选择的过程，祸福难料。但乱世敢于选择就有希望。"

章老师听后，冲我笑了笑："至理名言，只是空洞得很。"祖父也笑了。

第二天，我和王蕴生顺路去饮冰室看王太奶。老人听说王苗生投了国民党军，很是惋惜，说解放军已大军压境，围困北平。思成已告知，北平破城指日可待，还投国民党军，这孩子太傻了。王太奶说这些话时，似胸有成竹，干脆坚定。这是我在当时听到的最肯定国民党军必败的声音。王太奶是一位深明大义之女性，天津解放后，1950年，她将西马路梁宅卖掉，在大女儿思顺的主持下，很隆重地搞了一个捐赠仪式，将梁启超一生花巨资收藏的古书及亲笔所书手稿全部捐给北京图书馆。

王太奶和家人于1950年秋，离开天津，搬到北京西单手帕胡同甲三十三号居住。我和王蕴生都到天津东站送行，老人家亲切地说："乖，再见了。"

我母亲是1956年迁到北京，我是次年由天津转学到北京的。到京，我便与祖父到西单手帕胡同看王太奶。老人高兴得站起来，拉着我的手，又看又摸："长成大小伙子了！"

我大学毕业后，又去看王太奶。她年近八十，身体硬朗，耳聪目明，非要留我吃晚饭，烧了几味广式小菜，主食港式小笼包，在商品极为匮乏的20世纪60年代中期，算是极丰盛的大餐了。老人高兴地看着我狼吞虎咽。

最后一次到王宅去看老人，是1968年，八十二岁高龄的王太奶因受冲击而辞世。悲哉！

回到家里，在晚饭餐桌上，我将赵老师和王太奶的话学给家里人听，没有人惊奇。父亲说，他们一行四人，出北京时，花了不少钱打点，国民党军才准许出城，而解放军大兵压境之势，信心十足，见我们是生意人，并不阻拦。平津破城只是时间问题，解放军已派人进清华园找到王夫人的儿子儿媳，向他们咨询，万不得已，大军强攻古城，哪些文物需要保护。消息已在北京传开。若傅作义将军深明大义，接受和平条件，古城得以保全，国之福事。天津陈长官，乃蒋之嫡系，是不撞南墙不回头的角色，但与解放军的强大军力相抗，无非以卵击石。对你们小孩子讲这些，怕你们出门乱说，招来麻烦。

父亲很少说话，今晚一席话，让大家心里敞亮了。母亲说，陈长官吹嘘"天津固若金汤"是靠不住的，咱们保护好自己，等解放大军浩浩荡荡开进天津卫吧！

这顿晚餐，母亲特意让秦爷多烧了几种可口的菜肴，又到酒窖取来法国红酒，吃得爽快、高兴。

特别让我奇怪的是章老师，她一直关注别人的谈话，却从不插话，一副好像与自己毫不相干的样子。她坐在我身边，总是轻举高脚酒杯，微微晃动，然后小口品味，动作轻盈优雅。家人知道她的习惯，很少参与关于家国、社会、人生等问题的讨论。问到头上时，她会嫣然一笑："我爱听你们说话。"

关于王苗生的从军，其实章老师知道得比王家的人要多。王苗生投戎前，找她究竟谈些什么，她守口如瓶。在这年底，炮声隆隆中，她去了台湾。

章老师说，王苗生之后也去了台湾并离开军队，以绘画为生，颇受画坛推崇，渐得大名。在一次王苗生的画展上，章老师看见一只展翅翱翔的苍鹰挂在展厅门口，那遒劲姿态和刚勇的气概，让她一眼就认定是王苗生的画作。他成家时，章老师以男方亲人的身份，备了一份礼……

改革开放之后，我在北京一次航天报告文学的座谈会上，与王蕴生不期而遇。王蕴生大学毕业后，调到西北，参与航天工程，卓有成就。他以科学工作者的身份，到会介绍我国航天工程从无到有，继而异军突起，跻身世界前列的发展过程。那时，我俩都到了知天命之年，两鬓已添白霜。我问到其兄王苗生，他一脸苦笑，说他脑袋还是一根筋，坚守他的政治态度，虽是骨肉至亲，很少与共产党员的弟弟联系。1957 年，他们的父亲被错划右派，他在台湾著文谴责。改革开放，父母病故，他只发篇悼文，绝不到大陆奔丧。

我从汪泰昌叔叔的信中，得知章老师驾鹤西行时，已近花甲之年的王苗生，一身白衣跪在灵柩前，高唤"阿姐，阿姐"，怆然痛哭，让送葬的友人莫不垂泪。

后来，我多次赴台看望汪泰昌叔叔，曾想看看王苗生。叔叔沉默片刻，说："听说，他已落发为僧，青灯木鱼，再不与人来往。"我们长久地沉默……

第八章

我到刑场看到枪毙大汉奸恶霸袁文会

生活是丰富复杂的，童年时光同样是丰富复杂的，它们并非按照"应该如何"的轨迹进行的，常常会出现许多悖论。文学必须发现生活的复杂性，能够把诗意的发现写出来，同时不能遮掩诗意的对立面。

意租界我家的别墅，我视为我童年的百草园，正如鲁迅在绍兴的家园，是童年诗的记忆一般。在世界大变动的时局下，别墅是我温馨平静的童话世界。但是，别墅永远成不了世外桃源。

1950年，天津枪毙的大汉奸恶霸袁文会，与这别墅里的人也有着纠葛，让少年的我，认识了复杂丑陋的人性和旧社会的黑暗，同样也看到社会的正义。回避这些，生活就不完整，我的童年也不完整。

枪毙袁文会后，我和秦爷到被袁文会掠去并残害的拉布拉多爱犬的墓地，只见一场大雪覆盖了一切。

1950 年 12 月 21 日，中朝联军逼近三八线前三天，天津又一个好消息在喜悦中传播。天津青帮的头目，臭名昭著，作恶多端，津门老百姓惧之如魔、恨之入骨的大汉奸、大恶霸袁文会，被天津人民法院以汉奸罪判处死刑，并决定于四天之后上午枪决。时任天津市市长黄敬，做了如下批示："处死刑（该犯党羽众多，应严看管，免生意外），国文瑞（袁之徒弟）如何处理？应速判决，以便一并处理。"

25 日，闻讯从北京赶来的祖父和父亲，带着母亲、我、秦爷和杨二一早就挤到群众中，看看那个恶贯满盈的死囚的狼狈相。站了不多时，死囚车从法院开出来，人群开始咒骂嘲笑，但我看得很清楚，略胖的五十来岁的袁文会，脸上并无惊恐之状，而是一副狰狞的微笑。说来奇怪，这张脸我似乎在哪里看过。

杨二开着车，按祖父的吩咐，跟在囚车后，不一会儿就到了城外的小刘庄刑场。那里已人山人海。被绑得结结实实的袁文会从囚车里被押出来，两位军人分别架着他，走向军警林立的刑场。袁文会梗着脖子，满不在乎地东张西望。当他被一脚踢得双膝跪地，母亲立刻蒙住我的双眼，拉在怀里。一声很沉闷的枪声过后，是一片欢呼。母亲最终没让我看到这个大汉奸被击毙后的模样。她自己也闭上了眼睛。秦爷说，枪响的一瞬间，那张一脸杀气的家伙的脑袋就开花了。

回家路上，天津城到处都张贴法院枪毙袁文会的告示。含光女子中学校门前，就贴有一张，其上有这样的文字，"汉奸袁文会，出身流氓，系本市青帮首领与著名之恶霸汉奸"，"仗势聚众斗殴"，"与土肥原贤二系日特勾结，在津组织便衣队，扰乱社会秩序，企图为日寇制造侵华借口"，"七七事变后，更明目张胆充当日本宪兵特务"……

祖父和父亲得知枪毙袁文会的消息，从北京来到天津，用母亲的话，是"你祖父在十多年前，就受到袁文会的欺诈，当时就说'善积者昌，恶积者丧'，仇人被正法，老人怎能不过来看看"。

果然，祖父从刑场回到别墅，很兴奋，说："国家替天行道，顺应民心，激浊扬善，处决罪大恶极的袁文会，真是快哉。"我乘机让祖父讲讲他与袁文会的过节儿。祖父只说："孩子记住，'善有章，虽贱赏也；恶有衅，虽贵罚也'，为善则流芳百世，作恶则遗臭万年。"

后来，我央求母亲。母亲极简单地讲了祖父与袁文会的冲突。

　　20 世纪 30 年代初，回力球成立股份有限公司，青帮头子潘子欣为名誉董事长，发动社会各界以五十万元投资入股，意租界富户几乎都投了红股，像祖父的同乡大昌兴公司经理、寿丰面粉公司总经理孙俊卿等皆积极参股。祖父非但不投资认股，反而力劝正经商人切莫投机取巧，还是做正经实业或商贸最为稳妥。有个朋友听后，认为有道理，就又去劝另一位朋友别认股，结果他把此话又转告朋友，不料此人也是青帮小头目，便报告了潘子欣。此公在社交活动中遇到祖父和母亲，恶语相向，并威胁小心身家性命。祖父原本是有侠性、骨子极硬之人，当众痛斥潘子欣不过是个小混混儿，便说："'鸱鸮鸣衡轭，豺狼当路衢'，是什么鸟东西！"那潘子欣的手下，手托着两个大铁球，凶相毕露，就要耍横。突然，一位身着戎装的军官，从身后拍拍这个壮汉的肩，然后示意他退远点儿，那家伙居然照做。原来是当时湖北主席张学良手下的师长董英斌，他正在津办事，昨晚与家父一起吃过饭，接到母亲的电话，从不远处赶来。那潘子欣自然认得，忙笑脸相迎。董师长先给祖父敬军礼，忙说："受惊了，汪先生。"潘子欣混迹津门多年，尊卑轻重自然懂得，忙向祖父道歉："得罪了，汪大爷！"

　　此事有惊无险。就怕军界的袁文会知道，这位董师长原来就是他在天津卫的对手刘广海的后台，也就乖乖咽下这口窝囊气，不敢再造次。

　　早在 1931 年冬，日本人侵占天津，日本特务头子土肥原贤二在日租界策划了"便衣队暴乱"，袁文会就是骨干。杨二的父亲为平息这场暴乱牺牲。袁文会成为汉奸，死心塌地为日本效力。1935年，他秉承日本人旨意，纠集青帮中人建立"普安协会"，充当"民意代表"，为支持日本人的"要求华北自治"制造舆论，深得日本人的器重。后来，他成为天津有恃无恐、灭绝人性、无恶不作的头号汉奸。

有日本人撑腰，袁文会再次挑衅祖父。一天，祖父与意领事馆华人秘书董省三、《新天津报》老板刘髯公及父亲、母亲在东天仙戏院看"小达子"李桂春（李少春之父）的《鹿台恨》。祖父他们坐在二楼包厢里，突然，闯进几个青衣恶汉，拥着一个稍胖的头目入剧场，强行喝令停演，声称"袁三爷"（袁文会）要看《打金枝》。剧场老板忙把这位"袁三爷"迎到二楼包厢，茶点侍候后，临时安排《打金枝》上演。女主角一出场，扮相不错，那袁文会便又喊淫秽之语，不堪入耳。刘髯公看不惯袁文会这般霸道，大声说："'鸱鸮鸣衡轭，豺狼当路衢'，可恨，可气！"

因两个包厢相距不远，那袁文会不懂诗书，身边的人将曹植的《赠白马王彪》诗说给他听。听罢，他猛地跳起，吼道："给我砸了他那个包厢。"袁文会是想一石击二鸟。他想教训爱国报人刘髯公，因刘髯公在天津沦陷时，在《新天津报》发出号外，以激昂的文字鼓励国人抗战必胜。对祖父，他更是新仇旧恨，一定要报复不可。日寇刚侵占天津，袁文会受日本人指使，拉拢社会名流，参加在国民饭店举行的伪天津市治安维持会筹备会。祖父冷脸拒绝，刘髯公怒斥来者，拒不参会。他借此想让刘髯公和祖父吃些皮肉之苦，以示惩戒。

袁文会耍横动狠在行，但缺乏智慧，他手下那几个喽啰冲将过来，被董省三喝住："呔，想撒野，得看看地方，这是意租界，岂能容得你们胡作非为！"那袁文会天王老子不怕，但怕日本人，怕手中有枪的军人，还怕租界洋人，尤其怕和日本国为轴心国的意大利。好汉不吃眼前亏，他拱手道"得罪，得罪，后会有期"，然后再次灰溜溜地逃了。

我听得入了神，母亲戛然而止，我忙问："后来呢？"

母亲说："日本鬼子一投降，袁文会即被定汉奸罪，逮捕入狱，还有什么'后来'！"

母亲说，这个恶魔其实你见过。你五岁时，我和章老师带你去万国桥南小白楼一家法国饭店吃西餐，正切着牛排，忽然过来三个男人，端着酒杯骚扰咱们。我忽然想起来，那个一身黑绸衣裤的略胖的男人，先跟章老师点头打招呼，然后一定要碰杯喝酒，好像用天津话说："这位漂亮妞我们认识，对吧？赏个光，跟我喝一杯，在天津卫，我老三还能见到你这么摩登俊俏的美人，真的让我日思夜想。"

章老师笑得很妩媚，举起杯说："幸会，谢谢先生，再次赞美。"说着，她品了一口红酒。

那胖男人嬉皮笑脸地喝了一口酒，就坐在章老师身边，淫笑着继续搭讪，章老师用法语唤来法国服务生，然后说了几句。那服务生点点头，走了。不一会儿，一位负责人模样的法国人站在胖男人的面前，很有礼貌用法语也对他说什么，胖男人表示听不懂。那人就用地道的天津话说："先生，我们法国人在没得到人允许的情况下，坐在别人身边是不礼貌的，昨天，日本横田大佐在本饭店就掌掴了一位为套近乎坐在他身边的人。"

胖男人原本想发作一下，说"我们认识呀"，后来，他还是知趣地站起来，说："能和漂亮妞坐一会儿，也是三生有幸啊！"然后悻悻而去。章老师柔声地说："先生慢走。"然后向母亲做了个鬼脸。我还是第一次看到章老师柔中带刚地收拾一个对她不尊重的人。

我问母亲："当时你们知道胖男人是袁文会吗？"

母亲说，在回力球咖啡店已演出类似的一场闹剧。那次在意租界比较收敛，他自报家门："兄弟是袁老三，想必二位佳人不会不知道俺袁文会的大号吧？"

章老师立刻说："啊，如雷贯耳，津门谁人不识三爷。"

袁老三受到鼓舞似的，自作多情："那请二位赏光，陪我喝杯酒。"

章老师以不胜酒力婉拒，他死皮赖脸地动手拉章老师。章老师轻轻一甩，挣脱了他的手，软中带硬地说："袁三爷自重，这里不是三不管的秦楼勾栏。"正在这时，董省三先生过来打招呼，那家伙就溜了。

我五岁时，正由李实忱先生开蒙，对世事尚懵懂，对袁文会的流氓相还是很反感，但并未视为杀人不眨眼的恶魔。

对袁文会有个大概了解，是执行枪决袁文会之后。我们返校时，先由校长宣讲处决汉奸恶霸袁文会的意义，会场上师生怒批这个大坏蛋。回到班里，我们提出判决书里说袁文会"系本市青帮首领"。"青帮"是什么组织？赵班老师讲，"青帮"就是黑社会的帮会组织。这黑社会分三六九等。最低等的黑社会，是靠暴力垄断一些低端行业，像车站六号门那脚行，就是搬运工。人力车夫像咱班班长卢广义的父亲拉黄包车，都是青帮低端组织垄断控制。高一点儿的黑社会混迹街头市场，收取门店的保护费，不交就打、砸、抢。最高等的黑社会就是开赌场、妓院，私运毒品。青帮组织复杂，但为首的肯定勾结官府，不仅为害一方，更成为反动统治的爪牙。

这袁文会，就是个从最低等的黑社会攀爬到高等黑社会的，袁家一直住在最差的日租界，从他爷爷起就垄断了芦庄子一带的脚行业。因在三个兄弟中排行老三，故以"三爷"自居。后来父母双亡，一向顽劣的袁文会，二十岁时成为南开一带有名的混混。后有个机会，袁文会投奔了日租界督察队队长白云生门下。白云生在青帮中辈分高，势力大。袁文会拜他为师，傍上了一棵大树。

几年后，善于钻营的袁文会又认了两个干爹：一个是军阀李黑林部下军长谢玉田，另一个是日租界华捕侦缉队长刘寿岩。从此，袁文会离开脚行，成为青帮中的人物。他称霸天津卫，是在彻底投靠了日本人之后。

赵斑老师还给我们讲，相声演员马三立曾受到袁文会的欺辱。马三立从前在北平西单撂地说相声，一天，来了个朋友，说天津有名的燕乐茶楼请他去说相声。马三立就高高兴兴地回到天津，订好合同，在燕乐茶楼说两个月相声。马三立很用心地表演，受到热烈的欢迎。茶楼天天客满，收入的银子也越来越多，两个月的期限一到，马三立去向老板结账告别时，老板立刻变脸，一个眼神就招来两个彪形汉子，眼珠透着杀气。老板冷笑道："你知道这茶楼是谁开的吗？袁三爷！要走，你在天津地面就永远上不了台说相声！"瘦得麻秆般的马三立，只好认命，继续在燕乐楼卖命说相声。

赵斑老师还让班长卢广义说他爹爹受袁文会欺凌的事儿。卢广义说，他爹爹原在日租界拉胶皮车（黄包车），为讨生活，被迫加入了青帮，每天在日租界拉客户跑十多个钟头，交了份子钱，手里只剩下够买二斤棒子面的钱，家里三口人勉强糊口。后来，母亲得病，拉车挣的钱不够母亲看病的，就向车行借了十块银圆的高利贷。结果利滚利，半年后变成五十块银圆，他爹怎么拼命拉车，也还不上这笔债。最后，车行强行以他家仅有的一间房抵债，将他家的铺盖扔到大街上。一家报馆见状，发了一篇关于此事的报道，为卢广义家鸣不平，孰料当夜，报馆即被熊熊大火焚毁。一个混混又敲开了主笔家的门，留下一句话："袁三爷说了，弄死你，跟踩只蚂蚁一般。以后少管闲事！"

后来，含光女子中学校长和章老师，从报上看到那则关于卢广义一家不幸遭遇的报道，发动学生剧社义演，筹措了一些款项，代卢广义一家在东天仙戏院右手租了一间六平方米的小屋，让他们一家遮风避雨。后来，卢广义父亲远离脚行，以修车为业，养家糊口。

卢广义讲完，已是满脸泪痕。赵老师说，袁文会这帮禽兽不如的汉奸，不除天理不容，感谢政府为民除害。因卢广义班长控诉袁文会具体生动，含光女子中学还让他到校去讲，赵斑老师做了个开场白，控诉会反响热烈。

我陪母亲和秦爷都去听了。回家后，秦爷说，袁文会跟我可是有深仇大恨的，从我在六号门扛麻包、争货场、开小饭铺，到意租界弄个"德美楼"，整整二十年，一直在与袁文会斗，但最终处于下风，不得不认命。我曾讲过，第一次在"三不管"地区替说书的朋友打抱不平开始，背后总有袁文会捣鬼。那次我回家不久，袁文会就派一个姓牛的，曾在火车站脚行当小头头的人登门找我。他说，袁三爷那次在"三不管"看你有身手，想让你到他手下，当个青帮小头头。三爷现在与天津另一青帮头刘广海正是二虎争雄，需要硬手。秦爷说，那刘广海也是天津西头人，早年与其兄刘广庆在西头南大道大酒缸胡同，曾经营柴草为业，后拜青帮大佬王文德为师，有此人撑腰成了气候。一山不容二虎，但这二虎旗鼓相当，正准备在南马路丁公祠决斗。袁文会想请秦爷出山，助其一臂之力，得胜把握就大，那袁文会派来的说客，死乞白赖，好话说尽，无论如何也要让秦爷出山。秦爷说，自己是个粗人，但绝不参与伤天害理的械斗，坚决回绝了袁文会的邀请。

这场定好的械斗，双方都做了精心的准备，袁文会找了他师父白云生，刘广海请了他的靠山王文德。后因被也是青帮大头目、军警督察处南市分处处长张凤鸣得知，为了避免青帮的自相残杀，早就布置了大量军警，才把这场械斗冲散了。

袁文会忌恨秦爷轻蔑自己，开始设计陷害秦爷。

秦爷老母去世后，他到天津最邪恶的"三不管"地区讨生活。这是一个特殊历史时期里极特殊的领域。它位于东兴市场及其周边所谓"小开洼"地带，是让人生畏，又让人兴奋的以"黄、赌、毒"为业的地界儿。所辖行政不清，政、军、警都管，又都不管，是为"三不管"。这里到处是烟花柳巷，又是毒、赌二魔窟，更是青帮最活跃的黑社会。青帮始于明末，清雍正时大发展，到民国时，青帮成了黑暗势力的代表。20世纪二三十年代，青帮元老是白云生等。到了40年代初，青帮老大成了袁文会。在什么地方唱什么歌，秦爷到"三不管"开小饭店，卖羊肉包子。为了不受地痞欺压，他入了青帮，津门称在"家里"。秦爷的羊肉包子蒸得好，生意很红火。秦爷又行侠仗义，有好人缘儿。袁文会发现后，百般拉拢，想收入麾下，秦爷不愿与这类人渣为伍，坚决不从。

有一天，包子铺来了个白面书生样的客户，吃了包子不久，口吐白沫，不省人事，好心的秦爷关了铺子，送他到南市医院，但半路人就断了气。人命关天，到了当地警局，验尸后是中毒而死。去饭铺，验包子，果然有毒。秦爷被以杀人嫌犯关进局子里。秦爷心里有数，一定是遭人算计了。警方拿不出证据，最后典当了秦爷的包子铺，给死人家属做补偿，此案才了解。当他弄清楚，那个白面书生是去烟馆吸毒，被袁文会手下下药，尚未发作前强送到包子铺，才药力发作，一命呜呼。气得秦爷当夜要寻袁文会拼命，被朋友拦住，只好认栽。

秦爷创建德美楼，生意红火，却因袁文会不断在背后破坏捣鬼，只好关张。秦爷说："袁文会这狗东西，有日本人做靠山，他收拾你却从不心软，咱惹不起，甘拜下风。"

接下来，秦爷又把在天津东站争码头的内幕详细说了出来，以前是点到为止。他不愿意总向别人编派对手，但今天袁文会被正法，"我老秦算是控诉吧"。

德美楼倒闭，秦爷让那袁文会小兄弟讹诈得倾家荡产，就和几个朋友商量，重回脚行业。正好车站有个六号门空位，按行规需竞争上位。他们都是老脚行，又求爷爷告奶奶，获得竞争资格。但他们怎么打探，也不知对手是何方神仙。到竞标那天，双方保人到场，车站方的也就位，竞争开始。秦爷说，所谓竞争，就是比哪方组织得力，合伙团结，相互保障。经磋商，此次比看哪方肯为本方利益不惜一切。于是双方各出两人，每方有一人赤身伏地，每方一人手握自行车飞轮，听令后，向对方伏地者的屁股猛击，几个来回，有呻吟者即输。六号门的装卸就由未呻吟方夺得。都是好汉，屁股的肉都被飞轮掀烂，竟无人呻吟一声。只好双方各出一人比拳脚，打倒为止，不可伤人命。秦爷一方由他的哥们儿刘老五出战，对方是由袁文会请的"三不管"跤场马英。虽不妥，但双方拟定规矩时，并未有明确不允的条文。刘老五从少习武，是个练家子，武艺高强。秦爷不担心。谁知，二人一交手，那个跤王手上戴了暗器，趁刘老五不备，击中他的肋骨。刘老五下意识用手去抚，跤王的胳膊已锁住他的脖颈，命悬一线时，秦爷旋风般飞将过去，一拳击中跤王后脑。刘老五挣脱的一瞬，跤王已从腿里取出匕首，猛刺扑过来的秦爷。说时迟那时快，刘老五一个虎跳，用身子挡住匕首，鲜血喷射而出，全场惊愕，秦爷一个飞脚，踢掉跤王手中的匕首，一记重拳击中其下颚，那家伙跌倒在地，昏迷不醒。秦爷用自己的单裤系在刘老五淌血的伤口上，将他背起来，飞快地奔向圣心医院。

为了救刘老五，秦爷演了拦祖父祖母借钱那出戏。

因秦爷和刘老五离去，车站判定对方胜出，对方霸占了六号门。

讲到这里，秦爷说："与袁文会斗了二十年，从未有胜绩，我只好认命。谁能想到，解放一年，天津卫的这个恶霸汉奸就被正法。"

我对青帮和袁文会也有仇恨，这得从一只黑色的拉布拉多犬说起。

拉布拉多犬原是街坊意大利人家的爱犬，那位在意租界工部局任职的意大利人叫保罗，他的女儿和我差不多大，叫帕尼。我当时五岁，每天早晨，章老师总拉着我在马可·波罗广场跑圈，那保罗也有早晨领着一只洋狗跑步的习惯。每次相遇，彼此点笑微笑，保罗或与章老师打招呼。

有一次，我们到回力球游泳池游泳，正巧遇到保罗和夫人带着女儿帕尼正在戏水。一头金发的帕尼看到我，就游过来，看我只会扑腾水的样子，很好奇。章老师和她说了一句话，她笑得很灿烂。我问章老师对她说什么。章老师笑得很开心地说，她是用蹩脚的意大利语说："姑娘，这是中国的狗刨。"我问："您是在夸还是在损我？"章老师继续笑："宝贝，对不起，都有。"我很失望。

后来，接触多了，我发现帕尼是个善良又爱交际的活泼女孩儿。初夏来临，我会带着她，举着一根长长的细竹竿，顶端抹上了杨二给熬制的一种胶，到马可·波罗广场的树上去粘蜻蜓。帕尼飘着一头金发，十分好奇，又兴奋，跟着我到处跑。我粘到蜻蜓后，交给她用手捏着翅膀。有时，我带她到巷子口卖冷饮的小店，去吃刨冰。那是用刨子刨大冰块制成的冰糊糊，上面浇了各种色彩的甜汁。帕尼后来问章老师："这是中国冰激凌吗？"章老师笑着摇摇头，然后对我说："我的意大利语，水平太低，很难表述刨冰的制作。"为了表示歉意，章老师带着帕尼，到别墅让秦爷给她盛了一碗冰糖莲子粥。帕尼不客气，一会儿就喝光了，然后点头，表示很好吃："中国汤，好喝！"她看到客厅挂着婶婶给我织的蓑衣，也很感兴趣。章老师连比画带说地向她介绍它的功用。帕尼点头："噢，中国雨衣。"她披上蓑衣，笑着转圈。

一天，帕尼带着她家那只黑色洋狗，到我家找我玩。那狗很温驯，与帕尼寸步不离。我喂它吃食，它也不吃，只是用幽幽的眼睛看着我。秦爷喜欢狗，对我们说，这是拉布拉多犬，欧洲有名的缉毒犬，非常聪明，但也很凶猛。我看不出它的凶猛，只觉得很乖。帕尼一发令，让它坐它就坐，让它站它就站，扔东西让它去捡，它会迅速将物品叼回，放在帕尼身边。与我熟了后，有时它会跑过来，坐在我面前看着我，好像在等待命令。

1945 年春，第二次世界大战的欧洲战场，意大利墨索里尼政府战败，保罗奉命携家属返意大利。离开的前一天，保罗夫妇和帕尼，牵着那只拉布拉多犬来到我家，母亲和章老师接待的。给狗戴上脖套和牵引带，很少见，章老师明白了，他们要回意大利，邮轮不许带狗，他们想把爱犬"大卫"送给我家。他们说这只狗已养了十二年，是只老犬了，希望我们善待它。这时，帕尼抱着它的脖子哭泣。章老师没有思想准备，看了看母亲，母亲又看了看我。这时，秦爷来了，说："少奶奶，这是只名贵犬，小少爷又喜欢，我看留下吧，我会搭把手带好它。"

我朝母亲点头，就这样，这只黑拉布拉多犬就留在了我家。我对帕尼说："帕尼，你放心，我会像你一样爱它！"帕尼已投入母亲的怀抱，嘤嘤地哭起来。

大卫初到我家，由秦爷照看，它不闹不叫，不吃不喝地蜷卧在地上。有机会它会撞开门，拖着秦爷往帕尼家跑，到门口便狂吠。秦爷说，这是大声呼唤原来的主人。最后，它瘦得皮包骨，没劲儿再往外闯了，秦爷见状，急得连饭都无心做了。大约又过几天，我帮秦爷撬开它的嘴，往里灌米汤和牛奶，方救活了它。渐渐地，它看秦爷和我的眼神里，有了柔软的光。完全恢复后，大卫又有了精神气儿，开始亲近家里人。

有时，我和章老师也带它晨练，它撒着欢儿跑前跑后。一天早晨，下着小雨，我们带着它在马路上跑，突然有一辆日本人的汽车停下来，跳下几个青帮混混，用绳网罩住大卫，抱起来塞进汽车，临走时，嬉皮笑脸地冲章老师说："三爷说，让章女士到市稽查队去领这只狗。"汽车一溜烟地跑了。

祖父、父亲都不在家，我们无计可施。没过两天，日本天皇宣布投降，民愤太大的汉奸袁文会被关入监狱，那条拉布拉多犬不知所终，我和秦爷郁闷了很久。

大约过了半年吧，大卫突然在一个清晨出现在别墅的大门前。秦爷买菜回家，见状，扔下手里的蔬菜瓜果，赶紧抱住大卫，老泪纵横地哭起来。我和母亲闻讯也跑过来，只见大卫那身油亮的黑色，已稀落如毡地贴在身，瘦骨嶙峋，肋骨清晰可见。它费力地睁开混浊的双眼，尚有一丝亮光，直勾勾地看着我们，不久便熄灭了……

在我的恳求下，母亲和章老师同意我的意见，我们把大卫偷偷地安葬在花园里，秦爷请人弄了块石头，章老师查了"大卫"的意大利文，刻在上面。

我想，帕尼一家把大卫托付给我们照料，我们应该让大卫的灵魂在不远处守着马可·波罗的飞人雕像。章老师说："意大利参加八国联军侵略中国，占领我国国土，建立租界，罪恶滔天，可大卫并无罪，善待它，也是对帕尼承诺的兑现。孩子，你做得对。"

枪毙袁文会的当天，我约秦爷到埋葬大卫的花园。那个墓碑被一场大雪覆盖，似乎老天爷也在为它申冤。

第九章

一条好汉，厨师秦爷

祖父、母亲都是戏迷，我也爱凑热闹，每到夜幕降临，便常常与父亲陪他们到戏院包厢看戏。有一次，看完母亲的朋友评戏名角鲜灵霞的《人面桃花》，母亲留下要请鲜老板吃饭，两个男人散步回家。寂静昏暗的街道上，突然有一人拦住祖父："汪大爷，敝人在此恭候多时了。"但见那汉子一袭白缎子中式裤褂，头戴白礼帽，膀大腰圆，三十来岁，有刚勇，并无匪气。

　　祖父也拱手道："老朽好像并不认识阁下，让小老儿帮什么忙，只管说。"

　　白衣人道："晚辈遇到大难：想请大爷周济。"

　　祖父从身上摸出皮钱夹："拿去，有二十多美元，就算救急吧。"

　　白衣人道："大爷仗义，但这些钱，解救不了我的大难。"

　　祖父认定是拦路打劫者，便拂袖而去。就在此刻，那大汉用匕首深深扎入自己的大腿，顷刻，白裤涌出殷红的血。祖父忙让被吓呆的父亲回家，然后叫了黄包车，将已昏迷的大汉送到圣心医院。

两个多月后，这个汉子敲开我家大门，见到祖父，咕咚一声跪在地上，泪流满面地道出拦路劫钱的原委，然后从破旧的上衣里摸出一百美元，说救朋友之急，用去一百美元，剩下的归还您，我去打工赚钱，偿还用去的那些钱。

祖父得知他是个苦出身的讲道义、忠厚之人，又有很高的厨艺，决定高价聘为厨师。

从此，一身正气、一身故事的秦爷，几乎成了我们的家人，我童年的守护神。

戊子年（1948）夏末秋初，东北野战军发起以攻占锦州为重要目标的辽沈战役。国民党军困守长春、沈阳、锦州三地。蒋介石无奈，乘飞机到沈阳，提出坚守锦州两个月，然后把守军撤到关内。中共中央军委立刻电令林彪、罗荣桓，主力迅速攻占锦州，切断其退路。9月29日起，东北野战军相继攻克塔山、高桥、兴城，将范汉杰集团十五万人分割在锦西和锦州、葫芦岛、秦皇岛三地，切断北宁铁路，形成对锦州的包围。一个月后，锦州被克，不久，"东北剿总"副司令郑洞国率军投诚。10月26日，东北野战军全歼精锐廖耀湘兵团，东北解放。

国民党军一路溃败，大批难民也如潮水般涌进陈长捷固守的天津。他们很快在海河东岸搭起茅草木板小棚。西岸皆水泥岸，无法也无地搭建草棚。

有记载说丁巳年（1917），大雨倾盆，大清、子牙、南北运河溃堤，大批难民进津。通过自发的行动和多方关心，流落到意租

166

界的大量难民，得到了帮助。租界商场、食品磨坊向他们发放衣物和粮食，意租界内采取防疫措施，没有发生瘟疫。

己卯年（1939）夏，天津再闹水灾，城市七八成地区被淹，一个多月洪水才退去。受灾市民苦不堪言。因意租界在市里地势最高，两次水灾，这里都幸免于难，因此不少难民逃到意租界，在马可·波罗广场支起窝棚。

戊子年（1948），涌进天津的难民，又有不少来到马可·波罗广场搭建极简陋的窝棚。马可·波罗广场离我家别墅不远，原来空旷的广场变得杂乱不堪。难民缺衣少食，个个羸弱可怜。一次，我放学回家，遇到两个比我小的兄妹，向行人乞讨。我书包里尚有半个面包，于是拿出来给了那个年纪长一点的男孩儿。男孩儿本想掰成两半，兄妹分食，但他看看瘦得吓人的妹妹那双渴求的目光，就全给了她。妹妹很懂事，又把另一半塞给哥哥。他们给我鞠躬作揖。

晚饭后，我到厨房将此事说给秦爷听。他抽着烟袋，沉默不语。见秦爷对我以面包送给小难民之善举没有表态，我有些不满。我回到书房便对母亲发牢骚。母亲给我讲了秦爷曾是难民的悲惨遭际。

丁丑年（1938）八月，下大雨，大清河、子牙河、运河溃堤，淹了两岸庄稼，难民只好逃到天津求生。一天，秦爷在东站六号门扛完麻包，拿着工钱回家，刚上金汤桥，见有个衣衫褴褛的年轻媳妇抱着一个极瘦弱的婴儿跪在桥头乞讨，秦爷看着奄奄一息的婴儿，便生恻隐之心，从布包里摸出两个烧饼，塞给孩子的母亲。她忙磕头感谢。第三天，秦爷扛完麻包，买了三斤棒子面，准备回家熬粥充饥。走到金汤桥头，又见到那悲泣着问路乞讨的年轻媳妇，只是那婴儿不见了。他正考虑分一半玉米面给她时，便有一黑衫男子过去与她搭讪。不久，那黑衫男人就带着那媳妇过金汤桥向西去了。

秦爷正好顺路，就跟在后头，不料那黑衣人把人带往妓院集中的翠柏村、红叶村这等"三不管"妓馆地界。老天津秦爷知道不少妓馆的伙计，总乘人之危，诱骗良家妇女，堕入苦海。他快步追上去，拉住那媳妇，大喝一声："不回家给孩子喂奶，你到哪里去！"说着，他推开那黑衣人。见秦爷膀大腰圆，又不清楚他和那妇女间的关系，那人只好讪笑而去。秦爷将"三不管"地界的险恶，说与那年轻媳妇，吓得她惊慌失色，忙千恩万谢。

秦爷准备送她回家，她说丈夫在发大水时，为了去赶家里的两头猪，被大水冲走，八成淹死了，公婆在逃难中病饿双亡，只剩下她和半岁的孩子，随难民逃难到天津。因饥饿断奶，她的幼子在昨天夭折。

秦爷只好把她领到离娘娘宫（今文化街）不远的家中。那是用碎砖烂瓦砌成的小院，两间低矮却还整齐的小平房。秦爷的老母六十多岁，尚硬朗，给邻居洗衣缝补，与扛麻袋卖力气的儿子秦爷相依为命。因家穷，三十四岁的秦爷尚未娶妻，成了母亲的一块心病。见秦爷带一年轻女子回家，母亲心里暗喜。三人喝过了玉米面粥，老母把自住的带炕的小屋收拾一下，与女子同住。秦爷回另一小屋自睡。

两个苦命的女人，整整说道了一宿，那心是相通的，小女子一定要认秦爷母亲为干妈。秦爷母亲叹了一口气，说，你就当我家媳妇吧，你可怜，我儿子打光棍儿，也苦哇。

过了半个月，小院木门上贴了囍字，他们到局子里登了记，明媒正娶地成了亲。媳妇取名秦王氏。一家街坊在北大关开个饭店，邀曾在六号门当过伙夫的秦爷给厨师打个下手。秦爷母亲先应允了。秦爷心灵手巧，很快就偷学了上海厨师的厨艺。后来，秦爷东借西筹，在附近开了个小饭馆。他在店后掌勺，媳妇在门店照料顾客。饭菜物美价廉，生意很不错。一年之后，秦爷翻盖了小院破房，秦爷母亲将它收拾得干干净净，让她唯一遗憾的是媳妇不能让她抱上孙子。但有无后嗣，听天由命，一家人的日子过得算是和和满满。

谁会料到，到己卯年（1939），天津又遭大水。一天，一个四十多岁的老兵，走进饭馆要了两菜一汤、几个馒头和二两白干。吃喝时，他的眼睛就未离开过秦王氏。突然，老兵站起来，先小声向她问道："莫不是娟子吗？"

秦爷媳妇定睛细看，脱口喊出："娟子他爹！"

就这样，失散了两年的夫妻搂在一起，痛哭起来，互道失散的经过，悲喜交集。秦爷看在眼里，与老母亲商议，决定将秦王氏还给前夫。秦王氏回家收拾几件衣物，然后跪在秦爷老母亲面前，磕了三个响头，泣不成声地说："我走了，婆婆要好好照顾自己。"

那老兵也跪在秦爷面前："老哥大恩大德，没齿难忘。"他从军用挎包里取出了十块大洋，放在桌子上，然后拉着媳妇走了。

秦爷老母亲冲发怔的秦爷喊道："都是穷苦人，还不把大洋还给人家！"

等秦爷拿银圆追出去，昏暗的街头已无他们的踪影。

那老兵对媳妇说，被水冲走后，他抓住一根木桩，后来挣扎上岸，也流浪到天津。走投无路，在那年7月，他就投了宋哲元的二十九军。七七事变，宋哲元的第二十九军被打散，他又随余部投降日本，当了伪军。凭资历，他混成军需副官肥差。他此次进津，是为伪军购买军需。但秦爷后来知道，那老兵混迹于烟花柳巷多日，所携款项所剩不多，他无力再花天酒地，便寻个小饭店吃饭，就那么巧，竟与失散的妻子不期而遇。

喝兵血两年，人性早已扭曲，他竟将四十多岁的妻子哄骗到妓院，卖了三十块大洋，然后溜走。那秦王氏已中年色衰，只能做三等妓女，老鸨子欲逼她多拉客，榨取钱财。那秦王氏原本是正经人，岂能干这种下作的皮肉生意，曾尽力反抗，但这虎狼之

170

窝，不从便让你生不如死。直到 1949 年，天津解放，政府取缔妓院，接不了客，整日干粗劣活儿的秦王氏才获自由，那时她已是头发斑白的老妇人了。

　　秦爷到我家颇有点戏剧性。一天，戏迷祖父、祖母和母亲，到在东天仙戏院旧址，重建的天宝戏院看评剧。母亲说那评剧是当时评剧名角鲜灵霞主演的《人面桃花》，她的丈夫翁雁楼饰剧中一小生。最出彩的是他要当场用毛笔书写崔护的《题都城南庄》："去年今日此门中，人面桃花相映红。人面不知何处去，桃花依旧笑春风。"翁雁楼的书法写得好，每次演出在台上的即兴书法，总有人高价买去。母亲看《人面桃花》那场戏时，有一位坐在我家包厢隔壁的小姐，出大价钱将书法买去。

　　剧场散戏之后，母亲邀鲜灵霞吃夜宵，让父亲 10 点去东兴楼接她。祖父坚持散步回不远的别墅。两个男人谈戏正欢，寂静昏暗的街道，突有一人拦住祖父，只见那人一袭白绸中式裤褂，头戴白礼帽，三十多岁，微笑拱手道："汪大爷，我在此恭候多时了。"

　　祖父见这身打扮，便知是青帮的小混混儿，也拱手问道："老朽好像不识得阁下，请问有何事需要小老儿帮忙的？"

　　白衣人再次拱手道："晚辈有难，想请汪大爷周济。"

　　祖父从身上掏出皮钱夹，交给他说："只带这么多，就算救急吧！"

白衣人接过钱包一看，冷笑道："汪大爷二十美元打发要饭的吗？"

祖父笑曰："倾其所带，救人急难，但解一般之急，钱夹里的二十美元，可买三袋白面，有这样打发要饭的吗？"

白衣人很平静地说："您不出二百美元，解救不了我的大难。"

祖父也变得极为严肃："我是否可以认定，你是在拦路打劫？"

白衣人还是面无表情："都说您是大慈善家，请汪大爷破财了。"

祖父对父亲说："我身上没带那么多钱，你们回家去取吧！"然后，他示意父亲回家报警。

白衣人伸手拦住："别去报案，当个证人吧！"说罢，他从腰间拔出一雪亮匕首，往自己大脚上狠狠一刺，鲜血涌出，白裤很快成了血衣。

"汪大爷，兄弟实在有难，请救救急吧。"不多时，人便昏厥过去，血还在流。

祖父立刻让父亲回家取钱，还叫了一辆黄包车亲自将白衣人送到不远处的老意大利圣心医院（后改成天津市第一医院）。

送到圣心医院后，经抢救，白衣人性命已无大碍。经过缝合包扎，他可以出院了。但他千恩万谢之后，仍执意要祖父凑二百美元，而且拒绝回答此款的用途。祖父觉得此人虽鲁莽刚烈，但不像青帮那种吃喝嫖赌、祸害百姓之徒。就在医院打电话，叫父亲送钱，也算花钱买双方平安吧。过了些日子，此惊吓就过去了。

以后祖父再去天宝看戏，就坐汽车往返。

一天晚饭时，母亲在饭桌上，讲报纸的花边新闻，是有关评剧名角鲜灵霞丈夫，那个演小生擅书法的翁雁楼的故事。

原来，那翁雁楼失踪之后，急坏了鲜灵霞老板，到处打听丈夫的下落。翁雁楼成了天津卫人茶余饭后的谈资。有的说，他自打与刘小姐私奔，已不知下落。谁能想到，不久，鲜灵霞老板意外地收到翁雁楼的来信，说自己受了刘小姐的骗，现刘小姐弃他而去，他流落济南，身无分文，贫病缠身，请求念在夫妻一场之缘分，伸手搭救。鲜灵霞的二姐见信后，即刻乘车赶到济南，将那落魄的小生找到，送到鲜灵霞处。鲜灵霞见到羞愧难当的丈夫，又气又恨，又疼，又爱，哭泣得说不出一句话。那鲜灵霞二姐，见夫妻破镜重圆，为不使翁雁楼再起意破坏婚姻，由她出面订了个"约法三章"，以对翁的恶习予以约束。但人的本性难移，有一天，翁雁楼与鲜灵霞到英租界光明社（后改成光明影院）看电影，怎么那么巧，翁雁楼又与那旧相好刘小姐相遇，结果旧戏重演，翁雁楼又不见踪影。鲜灵霞再无法容忍，找来律师，与翁雁楼结束了这段倒霉的婚姻。

母亲是在饭桌上断断续续地讲这段悲剧传奇的。每次讲完，饭桌上便议论纷纷。

祖母总是为鲜灵霞的失败婚姻感到愤慨："多好的人呀，怎么遇到这么个畜生。"

祖父则每每讲什么"夫妻好合，如鼓瑟琴"，什么"夫妇之道，有义则合，无义则离"，又说："自古妻贤夫祸少，闹成这个结局，鲜灵霞也有责任。"

母亲总是拐弯抹角地为鲜灵霞鸣不平："人家为妻者，'待晓堂前拜舅姑，妆罢低声问夫婿'，一个名角，能不计前嫌与那'花痴'破镜重圆，心肠多好，只是那狗改不了吃屎的翁雁楼，不知廉耻，本性难移。"

母亲同情鲜灵霞。另有原因，她喜欢听鲜灵霞唱戏，与鲜灵霞成了朋友。鲜灵霞住奥租界平安街与民主道把角处一幢二层楼房里，离我家别墅不远。鲜灵霞是河北人，其乡音就可唤起母亲对卢龙故乡的怀念。她年龄也与母亲相仿。鲜灵霞原名郑淑云，幼年丧父，随寡母逃难到天津，后拜到评剧名家，聚华戏院的刘兆祥为师，学评剧。她极有天赋，取艺名鲜灵霞，不久即与名角白玉霜同台演出。其主演之《杜十娘》，曾令母亲泪洒衣衫，其塑造的舞台形象，名噪当时天津艺坛。

母亲与祖父、祖母经常去看她的演出，特别在演出场次最多的天宝戏院，又订了一个包厢。鲜灵霞在台一抬头即见，常有中年女子在包厢专注看戏。二人相识后，多有来往，有时相邀还设家宴，请剧坛名角吃饭，然后男士一起玩玩方城之战（麻将），母亲就与白玉霜、鲜灵霞到茶室小坐，给留声机上足弦，听听四大名旦的唱片或流行歌曲。

鲜灵霞婚变之后，母亲几次去她家，送花篮或法国面包房的西点。她们的友谊一直维持到1956年。母亲于1956年搬到北京灯市东口遂安伯的四合院，我是两年之后迁到北京上高中的。1954年，鲜灵霞被市长接到天津干部俱乐部。她做梦也没想到，那晚见到了毛泽东主席，市长向主席介绍了鲜灵霞，主席亲切与她握手，她激动得泪流满面。主席要她今晚演出《杜十娘》，可惜剧团没来，再叫来不及了，台上就由马三立说单口相声。从干部俱乐部回到家，已是深夜，她还是给母亲打了电话，兴奋地回忆与主席见面的情景，说着说着，就提出马上到我家别墅，与母亲细说。

那一晚，她们姐妹一夜无眠。这是他们最后的晤面。1955年秋，鲜灵霞奉命作为中国人民的艺术使者，与其他艺术家一起到朝鲜慰问演出，受到志愿军官兵和朝鲜人民的热烈欢迎。那年深秋时节，我祖父处理了别墅，母亲移居北京，两姐妹从此再无缘相见。

扯远了，我再把时间拉回到祖父遭遇白衣人拦路自残要钱那会儿。那自残的白衣人，得到二百美元，不顾伤口疼痛，从医院悄然消失之后，似乎又恢复了往日的平静。祖母总说："你们看，破财免灾嘛！"

时间过得很快，转眼就到落叶满地的霜降节气。别墅的院子"秋风萧瑟天气凉，草木摇落露为霜"，只有那座汉白玉裸体女汲水雕像在秋风中孤立。母亲从客厅透过玻璃窗，打量"万叶秋声里"

的寂寥，心里生了一丝伤感。就在这时，院门的电铃响了。

母亲打开院门，见一位五十多岁的汉子，拿着字条，问："汪大爷在家吗？"

母亲点点头问："您是……"

那汉子突然双膝一跪，哭道："我是来见救命恩人的。"

这时，用人过来，扶起那满面涕泪的汉子，带到一楼小客厅。祖父一见此人，原来是劫道的白衣汉子，便请汉子坐下，让用人端来茶水给汉子喝，听那汉子一把鼻涕一把眼泪地哭诉原委。

那位汉子自称秦义，三十多岁与难民女子成亲后，那女子丈夫将其骗走，卖到妓院，老母亲闻之，一病不起，他走投无路，参加了青帮。一次，为争夺火车站六号门货场，与另一拨人发生械斗，有个拜把子兄弟被对方用暗器击中，被对方锁住脖子的一瞬，秦爷猛地冲过去，反锁行凶者时，那人一个金蝉脱壳，抽出匕首照秦爷腹部猛刺一刀，因来得太快，秦爷即将中刀之时，那个被打倒在地的拜把子兄弟猛扑过去，用自己的身子挡了这一刀。拜把子兄弟被刺倒，鲜血喷地。伤人者见状，慌忙冲秦爷大吼："快送到医院！"秦爷背起那个兄弟就去了圣心医院。争码头有个规矩，双方械斗，一对一，可伤人，却不能杀人。斗赢一方占了码头，总管了运输生意。斗败一方，和和气气离去，不得再寻衅闹事。但不管胜败，为争码头受伤者，由本方负责诊治。因秦爷这方是几个年轻混混杂凑成的团伙，一见有人受重伤，生死难料，便作鸟兽散了。人家帮着把受重伤的秦爷拜把子兄弟往圣心医院一放，一拱手与秦爷告别，已算仁至义尽了。秦爷把兄弟送进急救室，签了字，画了押，就跑出医院想辙儿弄钱去了。他到估衣店租了一身白衣裤、白礼帽，演了一场诈汪大爷钱财之戏，逼要两百美元后，全交到医院。经奋力抢救，他保住了自己拜把子兄弟的性命。

他说："受您恩惠，我来向你叩头谢恩。"说罢，他又跪下再磕头，然后又从身上摸出一钱包，那正是我祖父的。他交给祖父，并说："看病一共花去近一百美元，剩下的一百多美元，奉还给您。用去的那一百块美元，我有力气，又孤身一人，无牵无挂，给您打工偿还。"

祖父、祖母都连连叹息。母亲问你能干什么，汉子说，我开过饭店，厨艺还可以。被他的道义精神打动的祖父说："留下吧，家里厨师正好告老还乡，你就接替他吧。"

母亲把他安置在别墅一楼后门旁的一间小屋，从此秦爷就住了下来。秦爷小时插空上了几年私塾，看见义和团的吞符念咒、刀枪不入，杀洋人烧教堂望海楼，很是崇敬。当时清廷西太后由于忌恨西方列强支持维新，庇护光绪帝党，便想利用义和团灭洋，所以对义和团先剿后纵，义和团得以发展。到 1900 年 6 月，大队义和团沿运河由山东北上进津，津门义和团人多达数万之众。秦爷没见到洋人执洋枪，把所谓刀枪不入的义和团杀得血肉横飞、哭爹叫娘的惨状，一直沉浸在对义和团的想象之中，从小就有了一种尚武精神，后来又读了平江不肖生（向恺然）的武侠小说《江湖奇侠传》、文康的《儿女英雄传》、石玉昆的《三侠五义》、唐芸洲的《七剑十三侠》等，特别喜欢天津卫武侠小说家郑证因的《鹰爪王》和白羽的《十二金钱镖》等。别看秦爷是个粗人，说起武侠小说，滔滔不绝，且有卓见。祖父在和我谈《十二金钱镖》时，说你秦爷是武侠小说的行家，虽说腹中诗书不多，几乎是个文盲，但一肚子武侠小说，甚可说是个行家。

武侠小说构筑的剑仙世界，实是充满世俗价值观的江湖世界，也是一个自成体系的方外世界，作为社会的亚文化，以其凡俗性与广大市民生活相沟通，又以匪夷所思的仙家技能显示出神话色彩。非常适合秦爷重义轻生、世有不平拔刀相助的侠义气概。祖父曾说："秦爷虽是饭夫走卒式人物，但他在世俗社会中有他自己独特的丰富的精神世界。"

秦爷的小屋里有几摞武侠小说，有的看了多遍，已经残破，都被他精心贴补得整整齐齐，他说这是他一生全部的家当。小时家穷，没钱买武侠书，他就去书摊租，拿回，边读边抄，书摊主人见他总是迟迟才还书，经常抱怨，得知他抄书，心软了，从此再不催促。那些看来残破的书，都是他用各种纸订成的手抄本。有一次，到书店，他看到刚出版的武侠"北派四大家"还珠楼主（李善基）的《边塞英雄谱》和《蛮荒侠隐》，爱不释手。他对店主说，我给你打工十天，这两本书归我。店主见是个穷孩子，心生怜悯，就说："五天吧。"他还是当了十天小工。后五天，店主管他吃中午饭。

秦爷喜欢听说书，有时去南市"三不管"，听撂地摊说书。一次，人家正讲《江湖奇侠传》。那时《江湖奇侠传》被改编成电影《火烧红莲寺》，津门人都对此津津乐道。说书人是位年轻人，他把书中第七十三回到第八十一回，即电影反映的那段故事，当成《江湖奇侠传》来说，而没有交代《江湖奇侠传》原是以江南平江、浏阳两县，争夺地界发生械斗为线索，交织了武侠江湖昆仑、崆峒两派剑侠大动干戈的故事。写长沙小吴门外柳迟出外访师学武，找到昆仑派领袖吕宣良为师，然而引出本派红姑、笑道人、向乐东、杨天池一众豪侠，又勾连了崆峒派的甘瘌子、常德庆等一帮武林高手，演绎出传奇故事。独独讲火烧红莲寺，就说不清人物来龙去脉，故事前因后果。说书者显然没做好功课。果然，一些坐在长条凳上的听客，就发出不满之声，但看得出，有位中年人站起来，高声指责说书人尽糊弄人，就有点砸场子的味道。那说书者不得不停下来，作揖鞠躬，表示歉意说"小的，初来乍到，多有不周，望听客海涵"，并表示不收听客费用。但那中年男子仍不依不饶，在众客散去之后，他阴森森对说书人说，赶紧走人。

原来，中年人是出租地摊的东家，收了说书人半个月租金，不退还硬要撵人走。秦爷看在眼里，心有不平，上前替说书者评理，只见两个匪气的人站在背后，不屑地低声说："这是袁三爷的地盘，与你无关，识趣的立马走人。"袁三爷是津门的大恶霸。说书人怕把事儿闹大，就息事宁人地对地摊主人说："大爷，您退我一半租金，赏晚辈一口饭吃。"摊主道："你砸了我的场子，以后没人来这儿听说书，不让你赔偿，大爷我已很厚道了。"这时，秦爷身后的一个人，过来就给说书人一记耳光，骂道："赏你个嘴巴子！"然后回转身，就要对秦爷动武。秦爷的血性一下子烧起来，没等这愣头儿青出手，一拳便将之打了倒退几步，险些把摊主撞倒。于是，三人打一人的斗殴就开始了。秦爷正是年轻力壮，扛麻袋，当搬运，一身子力气，又加上自小习武，不到三个回合，那三人已被打倒在地。从此，秦爷便名震南市，也与袁三爷结下梁子。

那说书人，就是后来为争码头替秦爷挡一刀的刘老五。他们焚香互换兰谱帖子，拜了把子。等秦爷到了我家，刘老五那帮人得罪了一位官爷，人家设了美人计，以强奸罪名将他下了监狱，他不明不白地丧命牢房。等秦爷赶到，只能收尸埋葬，一个苦命的孤儿就这么去了阴曹地府。秦爷从此见了官家人，就仇恨满腔。

祖父很喜欢秦爷，说看上去秦爷是个粗人，其实"秦爷有底层人的大智慧，且莫小觑哟"。有一次，祖父带我去北平看杨扶青爷爷。杨二开着汽车，出河西务，经杨村、武清，再过廊坊，进丰台，到北京，道路以土路为主，大约需五个时辰。我对祖父说，坐火车就免去舟车劳顿之苦。杨二说："老爷说进得北平，交通不便，走亲访友，还是有车方便。"

漫长的旅程中，我让祖父讲他和东北王张作霖的故事，杨二也撺掇祖父，说："天津卫意租界哪有不知道老爷与那张大帅交情不一般的，传说不如老爷亲口说。"

祖父说："传说者并不知就里，切莫当真，我是个商人，与张作霖打交道，无非是做生意。互惠互利，生意之道。'观其交游，则有贤，不肖可察也'，这是《管子·权修》里的话。那张作霖虽一介武夫、草莽者流，做生意却守规矩，重信用。他得了实惠，我赚了钱，两全其美。世事难料，以后人们谈起我与张作霖的关系，是非臧否，任由人说。"

祖父话已至此，不说也罢。我开蒙时，李实忱爷爷教我"凡事皆有可观，苟有可观，皆有可乐"（苏轼《超然台记》），我求杨二讲天津卫的逸事。

杨二想了想，就说起秦爷开饭馆那些事。

天津卫盛产包子。一出屉，白净的发青薄皮儿，透出橙黄色的是胡萝卜馅，淡绿色是西葫芦馅的、发黑是木耳馅、发白是酸菜馅。主料是羊肉。咬一口，鲜嫩香软流出油汁，您若蘸上醋、辣椒油、蒜泥，就更如神仙般享受。杨二还评论道，上海的小笼包、苏杭的水煎包、广东的虾仁包，都无法与之相比。天津羊肉包是包子中的状元。

杨二这么一讲，我真的回味起秦爷蒸的羊肉包子，特别在冬天里，吃羊肉包，还真唇齿留香，回味无穷。我说："杨二叔这么一说，秦爷做的羊肉包子，还真香。"

杨二接着说，这羊肉包子，虽然产在"三不管"和穷困的街巷，是穷人的吃食，难登大雅之堂，但下层百姓喜欢，又买得起，羊肉包子铺就遍地开花。秦爷曾拿一本 1926 年出的《北洋画报》，那上面说："羊肉包子是天津特产，在北平天津大出风头。"我后来找秦爷，看到那本《北洋画报》，上面是这么说的："羊肉包子为天津特产之一种食物，在北方颇负盛名，久居京津者，无不知之。"

杨二说，天津卫凡是混混、苦力、拉车人等贩夫走卒讨生活的地方，就有羊肉包子店。因此，羊肉包子生意十分红火。羊肉包子店竞争也十分激烈。

秦爷盘点了先前那个小饭店，把多年积攒的家底拿出来，又找朋友借了些钱，就在意租界盘了一家门店，干起羊肉包子生意，店名叫"德美楼"。开始，意租界的有钱人耻于到小饭店消费，但人们一旦品尝到羊肉包子的美味，便得意上了这一口味。洋人由中国朋友带到干干净净，简单又古雅的德美楼，吃了一顿羊肉包子，就伸出大拇指，用蹩脚的汉语大叫"好吃，好吃"。

杨二说，我就是常去德美楼吃羊肉包子，与秦爷成了朋友的。德美楼价廉物美，还免费赠送羊蝎子汤或自制咖啡。德美楼很快就声名远播，食客盈门。于是就有人也想到这里开个羊肉包子店，大把大把地赚钱。

祖父插嘴了："《史记·货殖列传》云，'天下熙熙，皆为利来；天下攘攘，皆为利往'，只要利人利己做生意，倒也光明磊落。"

杨二说："老爷说得对，但下面我说的主儿，就是动歪心眼儿，变看法赚昧良心钱。"

我也插话说："君子爱财，取之有道才是。"

杨二说，偏偏有个叫朱善的人，买通了意领事馆华人秘书，为朱善在德美楼对面租赁门店提供了方便，又拿钱通融了巴斯克回力球有限公司名誉董事长、天津青帮头目潘子欣，很快，名为"恩美德"以经营羊肉包子为主的饭店，就在鞭炮声中开张营业了。"恩美德"楼上楼下各三间，装修豪华。店员白衣白帽，笑容可掬，在店前迎迓顾客。开张那天，朱善大迎宾客，官场、各界名人鱼贯出入，风光无限，《益世报》还有广告助威。讲究礼数的秦爷还特意到花店订了一个大花篮，请人写了恭贺吉祥的话，送到朱善的店铺里。

朱善忘了，那羊肉包子原属平民草根的吃食，放在笼屉里，端给食客的。如今盛在镀银的盘子里上桌，那成本可就成倍地往上涨。有头面、有身份的人，谁会以请吃羊肉包子来此聚会、谈生意？那穷人更舍不得到豪华洋楼里，花高几倍的钱来开洋荤，只吃了几个羊肉包子？

不到一个星期，热闹的光景变得门可罗雀，生意清淡，让原本就瘦的朱善经理，又瘦下一圈。他常常呆呆地透过面街的玻璃窗，看到对门德美楼热热闹闹、进进出出。特别是有些洋人也到那里去吃羊肉包子，心里真是五味杂陈，愤慨、嫉妒，渐渐转化为仇恨。杨二说："朱善，也是靠借钱，折腾出'恩美德'，如今钱砸进去，打了水漂儿，身后落了一屁股债。"

一天夜里，秦爷店里打了烊，上了门板，准备回家歇息。朱善笑着进了店，闲谈了一会儿，朱善就入了正题。他说，秦爷的生意比自己做得好，非常钦佩。他提出两店合并，聘秦爷到"恩美德"当副总经理，主管制作菜肴羊肉包子。店里的赢利秦朱三七开，秦三成朱七成。秦爷何等聪明之人，只说自己是个粗人，只会当火头军，蒸个包子，熬锅羊杂汤，哪有当副总经理的本事，朱先生别取乐我了。朱善继续说，你看，两家羊肉包子店，门对门，二虎相争，必有一伤，秦爷把我伤得倾家荡产了。话里透出了凶狠。秦爷不急，说，生意是自己做的，好坏亏赢只能听天由命，与他人何干？而且，朱爷洪福齐天，您的生意会红火起来。说罢，他出店锁门，拱手告别。

没过几天，深夜，德美楼着火了，所幸意租界防火设备先进，很快火被扑灭，只烧掉店面的门窗，秦爷当日就请人修复了，第二日照常营业。

又过了几天，秦爷回家，刚走到金汤桥，就有两人从身后蹿出，举棍便照头部打来，秦爷是练家子，而且从朱善登门说事儿就有思想准备，那天放火者他已在灯光下看清，既然门店损失不大，他暂不理会。那木棒还未砸到秦爷，早被秦爷打翻在地，两个小混混捂着疼处，趴在地上，求秦爷高抬贵手。秦爷把二人扶起，一手拽一个，在东门找个小饭店，让他们坐下，说你们说出谁让你们截道，吃完猪肘子走人。若想骗我，少不了皮肉之苦。那两个小混混，竹筒倒豆子，说个清清楚楚，吃完酱猪肘，喝了二两酒，鞠躬谢恩而去。

秦爷若无其事，照常蒸羊肉包子，高高兴兴，与客人说说笑笑。一天，店里来个意租界工部局的人和两个巡警，将秦爷带到警局，说有人举报你殴打虐待两个无辜青年致残，依法将你收监审理。经秦爷请求当局，妥善处理好德美楼后，入监。

小报上有消息说，秦爷流氓成性，将两个无辜青年殴打致残，还发了两张照片，一个青年的臂被打折，另一个的腿也被打断。

意租界审理刑事案件，是公开的。那日，秦爷被带到法庭，法官命巡捕将两个臂折腿断者扶到法庭。这时，记者和各界名流皆在法庭上就座。有趣的是，法官没有请双方律师做诉罪或申辩，也没询问三个当事人，便站起宣读双方的供词，所谓被殴打致残者，说出他们是被朱善用钱收买袭击秦爷，交代打成重伤，不要毙命。行凶没得手，回去向朱善交差，竟被朱善命人扭臂打折，腿打断，然后逼迫诬告秦爷所伤，说不写状按手印，就打死喂狗。朱善将诬告状交到警局，乘其防备松懈，他二人主动投案自首。然后又读秦爷的"供状"，将朱善威逼两店合并，不成命 × × 深夜放火烧德美楼，如何在桥边遇袭写得清清楚楚。原来看热闹来的朱善，毫无准备，就被当场逮捕。

杨二说，秦爷走出法厅，被一群小报记者团团围住，对他们来说，这可是吊读者胃口的奇案啊。秦爷把他们带到德美楼，坐下，让伙计蒸几屉羊肉包子。等记者们吃完包子，他才说："为了那两个可怜的年轻人，我求诸位高抬贵手，一旦你们报道出去，他们以后怎么生活。那个朱善，为了赚钱，就干伤天害理的事儿，已得到惩罚，他将来的日子还长，放他一条生路。至于我秦某，只是个粗人，扛麻包出身，也只想凭力气吃饭。过安安稳稳的日子，你们一吹，把我放在火上烤，你们忍心吗？"

记者也都是讨生活的人，如果拿这个老实人去炒作，既得不到财富，也不能青史留名，况且生活已惩戒朱善了，何必再凑热闹？大家一议，得，谁都不写了。

杨二说到这儿，学说书人的套路道："各位听官，小爷已将天津卫最奇的案子说完了，您若想听天津卫奇人秦爷的故事，且听下回分解。"

祖父立刻说："且慢收场，故事还没讲完呢！"

杨二聪明，听话听音，听出祖父的话里有话，略微停顿一下，就说："老爷，杨二有一件事，一直没敢与您说，您既然问了，那我就竹筒倒豆子，都说了。"

杨二与秦爷早就是朋友。他十六岁时，正在车行学徒，一天，背着老板，把车偷偷开出去，一过万国桥，一走神儿就把一个扛着菜筐过马路的汉子撞了个大马趴。筐里的菜、肉、鱼撒了一地，那汉子试着爬起，杨二赶忙下车去扶，那汉子才吃力地站起来，正要发火，抬头一见杨二还是孩子，也就压下去。他一摆手就让杨二走，自己吃力地去捡拾地上的菜。那杨二是个懂事的孩子，忙停了车帮着收拾菜，然后执意要送汉子回去。汉子也实在摔得结实，于是就上了杨二的车，只说一句："小爷们儿，可得小心点儿，别撞到人。"那汉子到了东浮桥西一家小饭店下了车，说这是他的小店。杨二从此就常到小店吃饭，日久，两人就成了忘年之交。

秦爷的哥们儿出事那天，秦爷筹款给他治病，也曾找到杨二。杨二说，这么大的事，也只有我家老爷汪大爷能帮你，你去求汪大爷吧！

杨二笑着说："谁想到这个秦爷会演了一出自残的戏呢！老爷，我给您惹事儿了，对不起您。"

祖父听罢，哈哈一笑："杨二，你那点小心思，早就露出了破绽，秦爷一到别墅，一看你们那眼神，我就明白底细了。"

杨二不好意思地说："老爷，您不与我们这些粗人一般见识，您大恩大德。"

祖父很兴奋，自语道："愚者笑之，智者哀焉；愚者暗于成事，智者见于未萌啊！"

杨二说："老爷之乎者也，小人云里雾里。"

祖父说:"前两句秦孝公语,后两句引《商君书·更法》。"我记住了,至今不忘。

杨二讲的是秦爷的长坂坡大胜,而没讲秦爷的华容道惨败。秦爷曾对母亲说,那朱善,通过青帮头目潘子欣特别是袁文会的关系,很快就又回到"恩美德",而秦爷的"德美楼"屡遭莫名事端,不断有人搞乱,只好关张了事。虽赚了些钱,但老母去世,孝子秦爷风风光光给老母办了体面丧事,就又到二号门去扛麻包。也就有了保护兄弟之事。

在我和杨二的眼里,秦爷就是"人生江湖里的隐形大侠,足智多谋又讲义道"。

有一次,他跟祖父聊他开饭店的遭遇。有一天,饭店来了三个二鬼子,设计敲诈。对秦爷说,明天准备请一位中国通日本人,他想吃韭菜味的饺子,但怕见韭菜,饺子馅里不能放韭菜,又得是韭菜味,你若能满足日本人的要求,赏十块大洋,若做不到,饭菜白吃、酒白喝,还得赔日本人三十块大洋。最后,秦爷请来中人,将其写在合同里,双方签字画押,届时中人作保,监督执行。消息风传,小报记者也发了消息。

第二天中午时分,三个二鬼子陪一个日本鬼子按时入席。八仙桌四人分上下席而坐,脸上浮着稳操胜券的得意。四位中人也落座于另一八仙桌,心神不定,福祸难料。

很快，秦爷给两桌各摆四个酒菜：酱牛肉、烧猪肘、白斩鸡、醉对虾。一瓶天津二锅头。接着每桌两大盘冒着热气的水饺。两桌食客动箸，皆先吃那水饺，不一会儿，两桌人的表情发生了变化，三个二鬼子脸色极为复杂，惊讶、后悔、痛惜，而中人们的表情也很复杂：惊喜、纳闷儿。此刻小报记者、街坊邻居，已将小店围得里三层外三层。

沉默了片刻，一个二鬼子很不好意思地站起来说："我们认输，饭钱照付，那三十块大洋赏金，就免了。"说罢，他付了菜金，狼狈而去，大家早已看出那日本鬼子是二鬼子扮的。望着狼狈而去的二鬼子，小饭店里笑声一片。小报记者吃了饺子，确实是韭菜味十足，鲜美可口。秦爷拱手道："这是商业秘密，配方概不外传。"然后，他把剩下的饺子和菜肴，让大伙敞开吃。

这个故事讲完，当晚祖父、祖母、母亲就吃到了没有韭菜却韭菜味十足的水饺。正吃着，秦爷笑着对饭桌上的人们说："秘密就在，将鲜韭菜切碎，用布裹起来，挤出韭汁，然后用汁打肉馅儿，就这么简单。"

从此，我们家秦爷的拿手饭菜又多了一品，除了蟹黄清汤面、羊肉包子、肉丁火腿丁、茄丁水煎包，还有没韭菜却有其味的水饺。

1948年，山东、东北难民涌进天津，社会治安较乱。一天，一辆别克黑色轿车停在我家别墅门前，一位身穿黑呢长大衣、戴着呢礼帽的中年男人，走下汽车。正巧秦爷买菜回来。那人问："请问汪大嫂在吗？"秦爷说，我进去通报一声。母亲下楼把这位自称"我是汪俊德大哥的属下"的人请到客厅。我父亲名克昌，号俊德，除了家人，很少人这么称呼他。母亲认为这是父亲的亲信或好友。那人坐下，从大衣兜里摸出一封父亲的亲笔信，只写有"取大洋五百交其带回北平急用"十三个字，下面没签字，只有汪俊德钤章。字不是父亲的亲笔，章是没错的。母亲唤来秦爷，把钥匙交给他，让他带杨二去地下室提银圆。祖父、父亲曾交代母亲，现金、金银多放在别墅，兵荒马乱，不宜转到了北平，急需时会派人来取。

母亲让来人把汽车开进院里，停在别墅台阶下，让秦爷和杨二把银圆抬到车的后备厢里，但见后备厢杂乱无章，还有几件破旧衣裳。秦爷小声对母亲说："给少掌柜打个电话吧！"母亲好像心里有数，笑了笑，挥挥手，让汽车赶紧回北平。

母亲是善良、热情的女性，在家当闺女时，以乐于助人、敢说敢道闻名乡里，再加上我外祖父只会做药材生意，在东北锦州有几家药铺和货栈，无暇管理乡间那几十亩山地和众多用人伙计，外祖母整日打牌，家里大事小事全都交给十六岁的母亲打理。母亲将庄稼地和镇上的药铺管理得井井有条，乡里皆啧啧称奇，特别是因她热心助人，舍得济贫救难，人送绰号"杨九姑"。于是，母亲便养成了凡事敢于决断，遇事勇于做主，干脆利落的作风。

　　她估计取大洋的人差不多到了北平，就给父亲打电话。父亲知她上当受骗，就开玩笑说："杨九姑也不动脑筋，区区五百大洋，我还值得派车跑百里地去天津取？"然后，他安慰母亲一番。此事也就翻篇儿了。

　　一个星期六的早晨下了一场小雪，吃完秦爷做的鸡汤馄饨，母亲给我围上毛围巾，我背起书包去上学，推开一楼大厅的门，看见一个不小的包裹，我喊母亲和秦爷来取，就到学校去了。

　　中午回家，我洗了手坐在饭桌前。不多时，章老师也到了。秦爷给我端上我爱吃的糯米狮子头、清烧对虾段、火腿片煎刀鱼，还有一碟法国鹅肝酱。母亲也坐下吃饭，我问什么好日子。母亲笑而不语，问章老师，她说"我也丈二和尚摸不到头脑哇"。过了一会儿，秦爷提着他由自家带来的那个有包浆的老榆木板凳，来到饭厅。母亲把那榆木板凳放在一边，把秦爷让到饭桌前的一张靠背椅上坐下。

　　不好意思的秦爷唠叨："少奶奶，您这不是太见外了吗？"母亲给他摆上碗筷，坐下，等杨二一到就开饭。

　　母亲笑得很灿烂，说："我想听秦爷讲讲五百大洋失而复得的故事。"这时我才知道，早晨放在楼门前那个麻袋里，装的是五百大洋。

　　人到齐后，秦爷是这样叙述的："那个穿黑呢大衣的取钱人，一露面就有破绽，那呢大衣质量不差，裤子也讲究，礼帽也是上等货，但白汗衫不白且不说，系粗布制成的。您让他在取钱条上签字，他竟然没带笔，您拿金派克笔给他用，他好像弄了几下，才拧开笔帽，身着金贵的呢大衣，写的字不如小学生。这就让我生疑。我和杨二往汽车后备厢放大洋时，那后备厢有几件旧的普通衣裤，尺码与黑衣人相符，让我更是疑窦重重。这时我让您给少东家打电话，此时我看见黑衣人脸色煞白。后来，您放他走时，他紧张地钻进汽车，打了几次火，车才发动，说明他惊慌、忙乱。"

母亲问："那你为什么不坚持扣住他？"

秦爷不好意思地说："我只是观察推断这个毛贼，并无真凭实据，万一贸然动手，弄错了，不好向少奶奶交代，所以……"

母亲颇自责地说："我自作主张惯了，过于相信自己，如听你的话，给兆骞他爹打个电话。事情的结果会完全两样。"

我急了，想知道究竟，催秦爷讲"失而复得"的故事。正在这时，杨二也匆匆赶到，忙不迭地说在汽修厂修车，耽误了时间。母亲让他坐下，给他添了碗筷，盛上米饭。母亲又让他到酒柜拿瓶五粮液，这才一起用餐。

我又要催秦爷接着讲下文，母亲拦住我，让秦爷、杨二叔好好用餐。杨二为人实在，总是闷头大快朵颐地夹菜扒饭。饭饱了，二两酒下肚，他们二位脸就红了。

秦爷笑着看杨二的吃相："杨二独门绝技，吃饭总是风卷残云。"接着，秦爷如说书般把故事讲得绘声绘色，不亚于武侠小说热闹。

眼看黑衣人把车开走，细心的秦爷便向杨二使个眼色，然后向母亲说家里粮食得添了，拿了钱由杨二开着家里的汽车出了院门。秦爷问杨二，刚才那国内汽车没挂车牌。杨二说，我看出来了，是天津的汽车，翻新的，但车胎是旧的，磨得锃光。二人决定去租车行看看。杨二熟悉那几家租车行，看到第三家英租界小白楼一家。杨二有时到这儿修车，与老板熟稔。一问得知这里一辆刚翻新的别克轿车，今天早上被人租走一天，约好晚9点还车，车行老板说，租车人是意租界邮局的一个邮差，说着拿出押在这里的工作证件。秦爷杨二一看，正是黑衣人。他们将证件还给老板。杨二请老板给开到这里的车换润滑油，聊了一会儿天，喝了上好的天津卫花茶，交过钱，开车走人。他们商量一下，决定私下解决，别把事儿弄大，以追讨大洋为要。

晚上8点，秦爷、杨二和杨二一位膀大腰圆的哥们儿，将车停在小白楼车行不远处。快9点了，果然看见那辆翻新的别克轿车开进车行院里，十几分钟后，见那邮差东张西望一番，哼着地道的昆曲走来。恭候在那里的秦爷、杨二、大力士将他围住。

邮差见秦爷、杨二出面，就明白了一切，倒也干脆，乖乖地将他如何在邮件投递区选中我家作案，偷拆信函获得信息，然后制作便条、租车、租衣进别墅诈骗的事说出。

在问到为什么作案时，他竟落了泪，说前不久，迷上了博彩，朋友带他去意俄租界交界（今五马路十八号）的安乐宫，玩了几次牌九，没想到都小赢了一笔，后与朋友又到意租界津门娱乐运动和博彩中心回力球场去玩洋博彩。

那回力球场，在马可·波罗广场南，是一座四层带高塔建筑的现代高楼。所谓回力球是西班牙人玩的一种游戏，即向峭壁击球，后演变成一种运动项目，到20世纪30年代，这种运动又成了一种赌博活动，如同赛马会上先花钱押某马，某马跑了第一，你押中了选手可获百倍的奖金。

说来也巧，黑衣人赌了两次，皆押中。后来胆子大了，曾押过相当于十块大洋的筹码，一下子获得百倍的奖金。赌博总有输赢，时间一久，输多赢少，把老本皆赔了进去，且如同吸食鸦片，还有了赌瘾，几日不赌，痛苦难耐。他要赌一把大的，挣了大钱，从此金盆洗手。于是他冒险策划了一场诈骗案。

说到诈骗的五百大洋，他还真的没有吃、喝、嫖，去肆意挥霍，而是藏到他家的炕洞里。他骑车到了大悲禅院，抽了签，算了卦，定了个吉利日子，准备再到回力球去赌一把。可笑的是，他从炕洞里取出那五百银圆时，还哀求秦爷、杨二，说："二位爷，这钱算我借汪大爷的，我这就打借条。让我碰碰运气，如果中奖，我加倍偿还。"

秦爷说："傻小子，如果输了呢？"黑衣人垂下头。

秦爷看黑衣人是一时糊涂，剑走偏锋，干了件蠢事，教训了他一番，杨二还从其身后踹了他一脚，他咕咚跪在地上，听秦爷教训。

秦爷最后拍拍他的肩，说："念你年纪还轻，脑袋让驴踢了。"

那杨二乐了："秦爷，您是骂谁呢？"

秦爷也乐了，但还是严肃起来，训黑衣人道："你能免吃牢狱之苦，记住不是我们爷儿俩怜悯你，是我们主人汪大爷一家的大恩大德，记住，做人要知恩图报！"

秦爷从头到尾这么一说，就好像是讲了一部侦探小说，故事情节不如程小青的侦探小说《灯光人影》和改编成电影的文言侦探小说《江南燕》那么复杂惊险，也没其小说显示出的智慧，但秦爷的讲述同样有合理的推理判断，也是一种智慧，特别是有一种人性力量，有正义精神。

母亲称赞秦爷说："小时候我爹给我讲《孟子·离娄下》。有句'爱人者，人恒爱之；敬人者，人恒敬之'。秦爷智、仁、勇三者都有，让我受益匪浅。"

秦爷忙说："可不敢当，不敢当，少奶奶，我一粗人，年纪大了，经历的事儿多了，懂得以仁义待人，以仁义正我罢了。"

我觉得有趣，凑趣道："怎么母亲、秦爷都'之乎者也'起来了。"

杨二有些失落："我才是粗人，榆木脑袋，哪里盛得下'什么诗书'，只能把耳朵洗干净，听你们'之乎者也'了！"

第十章

抗战胜利后，邻居财政局局长是个贪官

抗战胜利后，祖父买卖做得顺风顺水，在《经济紧急措施方案》公开前收购和到银行兑换大量黄金，发了一笔大财，弥补了抗战时父亲捐献百吨大豆和数量不小的枪弹及"汪华堂奖学基金会"的开销，并为新中国成立后捐献天津数量可观的房产，抗美援朝时捐助飞机和大量物资奠定了基础。

　　我家新邻居，是天津一位财政局局长，其子周理很快成了我的玩伴。滑旱冰、游泳常在一起，偶尔去他家，真是富丽堂皇，一水紫檀家具，墙上挂米芾、郑板桥、张大千等人的书画真迹。条案上还摆有宣德炉、二尺大圭、明清花大瓶、雍正粉彩盘等，因我家有，我都识得。章老师曾帮周理转学，到过他家，说："比咱们家阔绰多了。"他家的意大利厨师彼德，后来成了秦爷的朋友，曾到我家，展示过地道的意大利菜肴。但他吃过秦爷的羊肉包子，叫道："上帝，天下美食。"

　　没过多久，在一个小雪飘飞的夜晚，宪兵突然查抄了周家，可怜的周理成了流浪儿。祖父说："周姓局长太贪婪、太狠毒，发国难财，发接受财，贪污接济难民的钱，照这般，国民党不败，天理不容。"

杨二带我去马可·波罗广场南回力球大楼小小赌过几次，只赢未输。母亲得知，狠狠教训了我一顿，此后一生，再不敢沾"赌"字。

在章老师去台湾前，关于她神秘的身世，只显现些端倪，临告别时，我扑到她怀里……

抗战胜利之后，祖父的事业进入最活跃时期。在天津、上海建工厂，贸易已走出国门，与日本、东南亚、印度有大宗进出口生意。祖父与父亲忙得顾不了家，全权交给母亲打理。对我的教育委托给章老师照料。不料，在我什么时候上学，她与母亲发生分歧。章老师希望我年纪大一点儿上学，上学前多接触社会。母亲认为我早慧，早点受正规教育，对早成才有利。章老师讲了她在英国求学的事例，说那里没有死记硬背，课堂上老师注重启发引导，这种教育才能出人才。人家牛津大学培养了七个国家的十多个国王，四十多位诺贝尔奖得主，五十多个总统和首相，八十多位大主教。最后，母亲同意我晚点儿进学校。章老师每天下午 4 点，带我到含光女中上两个小时课，然后锻炼身体，或在操场跑圈，或跳绳，或玩单双杠或体操。

　　其实，已经到了六周岁的我，早已不满足上课或家里的书房，或到马可·波罗广场滑轮滑了，开始对别墅外的世界发生兴趣。有一次，征得母亲的同意，让杨二带我到不远处的回力球去玩。在这之前，我到厨房去找秦爷，听他讲老天津卫的故事，有时杨二不开车，也在一边听，秦、杨二位常提到回力球的事，我逐渐对马可·波罗南路（现改五经路）那座四层后现代模式的大楼有了大体了解。那大楼处，原是意大利人开办的铁工厂，经营不善停业，又与别人将铁工厂改建成射击场和回力球场。秦爷常说，回力球是洋人玩的一种运动，发源于西班牙，最初是向墙壁击球的游戏。

1931年，意大利墨索里尼的乘龙快婿，驻华公使齐亚诺来天津履职，决定在这里开办回力球场。意国并不投资，而是由意租界工部局华人翻译郭志卿出面，发动意租界华商，搞集股投资，股本一百万。不少人认为有利可图，都参了股。郭志卿曾找到祖父，祖父婉言拒绝。但郭志卿提出借一百万元，祖父立刻开支票给他。祖父一直信守"君子爱财，取之有道"古训，不做投机生意，更不冒险押宝，靠运气赚钱。这在直隶富商中，属唯一不投资回力球者。后来，凡投资入股者，皆意外地发了一笔横财，畜商聚会，朋友都嘲笑祖父，判断失误，痛失好局。祖父笑而不辩，任由朋友奚落。

那意租界工部局翻译郭志卿，很快偿还了一百万元的借款，并赠送祖父一辆刚从美国进口的汽车。祖父照付车款。郭志卿了解祖父的人品，与祖父成了朋友，投桃报李，帮了祖父不少忙。

由意大利人雷马加里任董事长，天津青帮头目潘子欣为名誉董事长，意大利商人、意租界警察局长等为经理的回力球股份有限公司，主要经营巴斯克回力球、拳击及其他体育运动。但实际上，是一个赌博场所。他们把出场比赛的球员、选手编成号，赌客到窗口买"号"，进场后看比赛，凡买到冠军号码者，可得一笔相当丰厚的彩金，没中奖者，看了一场比赛，也算公道。回力球因有体育做依托，是一种极富诱惑力的赌博，一旦沉迷其中，即不能自拔。轻者流失财产，重者倾家荡产。有的因此坠楼自杀。不说一般小赌民，就是极有社会地位的军阀政客、官僚巨贾在回力球一掷千金，狂赌，同样输成赤贫。后来我从资料中得知，曾在北平充任市长的奉系的周大文，在回力球押宝，输掉两座洋楼；张宗昌的秘书吴桐渊，把所有资产输得精光；曾任清朝淞沪护军使的宫邦锋，因赌回力球，多年积累的家业败落；法租界工部局秘书戴旭炎，输尽家产，气绝而亡……

至1943年，瑞士籍犹太人李亚溥接手回力球，将之改名"海莱运动场"，又来筹股，祖父这才说："我知道这是一本万利的买卖，以前我拒绝参股，是料到自己发财后，会有更多的人倾家荡产。这种不义之财，我汪某不助纣为虐！"

杨二带我进了"海莱运动场"，买了两张号，没得到彩金，却看了一场挺激烈的拳击赛。我注意到，抗战胜利后，这里来参赌的人不算太多。杨二坚持说，他曾得过一笔不俗的彩金，买了一辆英国三枪自行车。秦爷讥笑杨二："二兄弟，你咋不说好几个月的工资，你都扔进了回力球呢？"

祖父得知我和杨二去回力球小赌了一把，说，《世说新语·汰侈》里有"王武子语君夫：'我射不如卿，今指赌青牛，以千万对之'"，是一种不正当的娱乐。若将之视为生财之道，大谬矣。

杨二一贯有什么说什么，反问祖父："约定条件，较量输赢，这有什么错，比如老爷您，前不久，让少东家到被国民党军包围的解放军中原鄂豫皖的宣化店，抢先将一大批贵重中药材运到上海，不然就毁于战火。结果在上海售出，赚了大钱，您说若按原计划运到北方，就会赔了血本，这不也是一种赌博吗？"

祖父一怔，竟然无语。

祖父就在那时，还投下一笔巨额赌注。人说盛世存古董，乱世储黄金。抗战胜利，社会太平，人们看到好日子已经到来。不少有钱人拿出黄金兑成现金，去做买卖。祖父决定大量收购市场上的黄金，又到银行兑换黄金。他的商界朋友，提醒他，钱能生钱，是让财富活起来用它做贸易，开工厂，创造利润。祖父只笑，并不反驳。

1947 年 2 月下旬，当局通过并公布《经济紧急措施方案》，明令禁止黄金、黄金制品及外汇在市场买卖，禁止黄金作为货币在市场流通。以前向市场抛售黄金长达十一个月的中央银行，立刻发表公告，宣布停止抛售。

听母亲说，就在去年 3 月 4 日，在行政院院长宋子文的亲自策划和指示下，中央银行开始在上海出售黄金，祖父闻之，卖掉天津、北平两个毛纺厂和天津几处房产，与父亲赶到上海，通过各种关系到政府指定的同丰余等三家金号，兑换大量黄金，然后存在上海汇丰银行库房一部分，委托一家运输公司将另一部分用飞机运往天津和北平。

因国共和谈难以达成共识，两军在不少地区发生局部战争。比如在该年1月，山东峄（县）枣（庄）两军交战，国民党军两个整编师被歼。2月，莱芜战役，经四天激战，解放军消灭国民党军李仙洲部七个旅，活捉李仙洲，将山东渤海、鲁中、胶东三地连成一片。

国统区通货膨胀越来越严重，金价上涨三倍，人心惶惶，国民党政府想借禁止黄金投机，稳定市场。

在母亲的记事本上，曾记有这样的话，祖父"给经济准确号脉，果断出手，倾大部财产，兑换黄金，仅两个月，财富已翻三番"。

有一次，祖父、父亲和我们母子，还请章老师及秦爷、杨二一起吃饭，祖父交代秦爷，可破费些，上法国人头马酒。那天中午，秦爷做了羊肉包子、蟹黄清汤面。不胜酒力的祖父和父亲高兴得不得了，喝了一杯法国人头马酒，祖父的话就多了，先冲着杨二说："杨二，你上次说我做生意，也是赌博，我没回话，其实你说的对了一半。做任何事，大凡要获得利益，总要敢于决断，敢于冒险。这种冒险是以清醒的头脑和足够的理性智慧支撑的，你们都知道，咱们'汇昌兴'兑换黄金，挣了些钱。但这与利欲熏心，靠运气赌博，并不是一回事。"

这回，轮到杨二无话可说了。他只是默默点头。

秦爷说："我没有老爷的智慧，没有发财的奢望，一辈子只靠老实勤奋工作，自给自足。"

章老师总是爱倾听别人说话，她如果要表达什么，喜欢引经据典，她特别敬佩祖父的才智和人品。在别人都羡慕祖父的成就时，她却说出更深的东西，她喝了口红酒说："汪伯伯不是凡人，萧伯纳说：'一个人如果不到最高峰，他就没有片刻的安宁，他就不会感到生命的恬静和光荣。'汪伯伯是要干大事的人，只要这个生命还能活动，就有肩负更多的使命，汪伯伯不会辜负自己只被赋予一次的生命。"

祖父听罢，一直看着章老师的眼睛，有一种复杂的东西，似对章老师说，又似自语："《论语·学而》云：'不患人之不知己，患不知人也'。"

我听不懂，小声问母亲，母亲看章老师的眼睛同样爱怜复杂，只说："你祖父似乎在向章老师表达什么东西。"

后来我略知了章老师的身世，再回味祖父引《论语》的话，明白祖父表达自己受人之托，在尽心尽力地保护眼前这位可怜的孩子，又担心她看不懂他对她的殷殷之心，让她感受到人间的温暖。

其实，祖父多虑了，那章老师经历了那么多人生风雨、世态炎凉，怎么会不谙世事呢？她在去台湾前的那个夜晚，与母亲长谈时，曾明确表达，祖父在她身上倾注的怜爱，她都看懂并牢记在心里了，她意味深长地引用了惠特曼的诗"因寒冷而打颤的人，最能体会到阳光的温暖"，并说："在我心里，从未向我说过什么深情话，而且总回避我眼睛的汪伯伯，我早已视为自己的父亲。"说完，她掩面而泣。等平静下来，她对母亲说："咱们中国人讲究报恩，可惜我没这个机会了。请不要将我们的这段谈话告诉汪伯伯，那只会让他伤感。"

有一天，我玩轮滑回家，看见我家别墅西的一栋别墅里，新搬了一家人，据祖父说，是财政局局长家。他家的孩子，骑着一辆崭新的小自行车，从我身边飞驰而过。我立刻滑着轮滑追过去，结果已不见踪影。那孩子比我大两三岁，个头也比我高。我第一次见到他，是我在玩轮滑时，他走过来问我，怎么玩。听完，他一笑说："就是把冰刀换成四个轱辘，一个在冰上，一个在地上，没啥稀奇的。"说罢，他扬长而去。我望着他骑车的背影，心说，是个傲慢的家伙。

有一次，章老师带我去英租界海员俱乐部去游泳，杨二开车送我们，章老师还带着一个橡皮救生圈。把我送到后，杨二开车回家，章老师带我进泳池，让我去男部换泳衣，她进了女更衣室。我们到泳池时，问章老师："你在英国还没学会游泳吗？"她说："我五岁就在泳池像鱼一样游了，姐姐没说你会游泳，我就给你买个救生圈。"

我说："我也是今年夏天学会的。"说着，我就咕咚跳进泳池，游起狗刨。

章老师用自由式游过来，笑问："这是什么姿势呀，怪怪的？"

我们休息时，我偷偷告诉章老师，母亲是禁止我游泳的，说太危险。今年夏天下大雨，建国道新天仙剧场前，地势低洼，积了很深的水，电车都停了。我与杨二从那里过，杨二与一些市民在那里游了一会儿，然后让我骑在他脖子上，送我过了洼地。我央求杨二教我游泳，然后我们偷偷到城东王串场，那里还是一片庄稼地、粪场、窑坑和大小湖泊。杨二熟悉这里的地形和湖泊深浅，找了个地方教我游泳，顺便逮了一些蚂蚱。有一次，母亲发现我晒得黑红，起了疑心，问我是否去野泳了。杨二忙说："少奶奶，我带少爷到北宁公园逮蚂蚱去了。"说罢，他就把一袋蚂蚱拿给母亲看。说完，我很真诚地对章老师说，欺骗母亲是不对的，找个时间，我向她道歉认错。

章老师身穿紫色游泳衣，身材修长苗条，吸引不少外国人的目光。在我们的躺椅不远处，有位和母亲年龄相仿的女人，丰满漂亮，摘掉泳帽，流泻一头乌黑的长发，很欣赏地看着章老师。突然，从泳池里跳上一个男孩儿，坐在她身旁，她忙着用浴巾给他擦水，我认出他，是新邻居家那骑自行车的男孩儿，几乎是同时，他也发现了我，笑着走过来说："老朋友了。"我把他介绍给章老师。

章老师也笑了："老朋友了。"

后来章老师告诉我，前些日子，他父亲曾带着他到含光女中拜访张淑纯校长，他们在一次社交活动中结识，此次拜访，是向校长咨询孩子就学问题。张校长又把他们父子带到我的教研室。谈了一些关于教育的问题。那男孩儿很聪明活泼，说他随父亲由重庆调到天津时，刚读完四年级，就自作主张，去报考小马路的木斋中学，结果居然考中。其父母觉得年纪尚小，跳级入中学，是否合适，来请教老师。

我问章老师："您的看法呢？"章老师说："我当着他们父子和张校长的面，说古今中外，因材施教是正道。中国科考少年即中举者数不胜数，英国十八岁前就获博士学位的也为数不少。莎士比亚说'学问必须合乎自己的兴趣，方才可得益'，但主意还得自己拿。那孩子听后，欢呼雀跃地去木斋中学报到。"

我们与那个自称周理的少年正交谈着，他母亲也披着浴巾，过来向章老师致谢，说自己在医院当医生，希望章老师带我到她家做客。章老师对这位举止典雅的中年女人似有好感，就攀谈起来。当得知她也在英国留过学，二人就用英语交谈。周理笑我的天津人称狗刨的泳姿太土气，拉着我下水学自由泳。从此，我们在这里碰面的机会就多了。

章老师知我喜欢自行车，就给我买了一辆"二六"的与杨二一样的英国三枪车。学会后，我经常在周日骑着"二六"三枪，周理骑一轻德国跑车，我们一起游泳，一起到北宁公园玩。

在去周理家做客前，章老师把周理母亲请到含光女中。有一次，母亲去找章老师，见二人亲切交谈，就把二人请到我家别墅叙谈。她们有时一起吃顿饭。因祖母随祖父和父亲住到北平百花深处，母亲也寂寞。

在周理母亲的坚持下，以周理过十三岁生日为名，请章老师、母亲和我去她家别墅吃饭。母亲订了蛋糕，章老师买了几盒巧克力，我带了一本精装的《希腊神话》。周理父母在门口迎接我们。周理家是两层别墅，院子小一些。但或许是他家刚搬来不久，楼里的家具摆设、窗帘都是新的，显得比我家讲究豪华，特别是一水的紫檀书柜、条案、桌椅、茶几、屏风，条案上摆着宣德炉、长二尺大圭、明清花大瓶雍正粉彩盘等，让屋子显得典雅贵气。墙上挂着那几幅字画，远有米芾，近有张大千，又使大厅多了些诗书气。

这些古董和字画，我曾在李叔同故居、李实忱先生家和意租界工部局华人秘书家看到过。祖父北京百花深处老宅书房里，米芾的字，张大千、齐白石、潘天寿的画也不少见。

周家的餐厅，十分堂皇，欧式长餐桌，高背椅，法式餐具非常讲究。那天是西餐，有法国红酒和香槟酒，有烤鹅、澳洲龙虾，有刺身金枪鱼、煎牛排等。章老师说厨艺极精，味道鲜美。

周理父亲个头不高，衣着得体，脸白净细腻，眼睛大而有神，举止也优雅。常微笑而不多言，但每出言则必显得博学深刻，又谦恭。与热情好客极善交际的夫人，在社交场合是一对绝配。这是章老师的评价。倒是周理显得十分活泼、睿智、单纯。

　　饭后，周理父母坚持送我们回家，一路谈笑风生。偶然遇到行乞的难民，周理的父亲总是掏出钱接济，显得很绅士。特别让我感动的是，时值秋天，他见一妇女抱着只穿肚兜的孩子，立刻从夫人身上摘下十分珍贵的丝巾，给孩子裹上。那一刻，章老师的两眼竟闪出泪花……

　　回家后，我到秦爷那里报告餐桌上的西式菜肴的种类和味道。听罢，秦爷说："厨师是洋人。"后来我向周理求证，他说："你猜对了，彼德是意大利厨师，意大利二战战败前，一直在意租界工部当主厨，他的中文还不错。之后，爸爸请到我家。彼德的小提琴拉得也很专业呢，只是夫人死于二战，现在他孤身在天津。"

　　秦爷只上过几年私塾，却一直研究烹调艺术，不断提高厨艺。母亲说，你秦爷虽比不上中国饭店的大厨，但他的饭菜做得一点儿也不比他们差。秦爷不断地改进自己的厨艺，有一天，他小声地跟我商量："你能不能让周理帮我见见那彼德？"

　　周理答应得很干脆。不久，他来我家对秦爷说，他已与彼德说了，彼德同意。后来彼德去找周理妈妈，说："您不是要请花旗银行朋友来家吃饭吗，我再请中国厨师来帮助，做一桌中西合璧的菜肴你看行不？"结果周理妈妈答应了。然后周理对秦爷说："章老师说您的菜烧得很有水平。"

那天，秦爷按母亲的吩咐从家里自备食材和调料，做了他的绝活羊肉包子。他把精力和心思都集中在彼德的每道菜的配料和烹制上。他只提一个条件，开胃红酒和凉菜之后，即上羊肉包子，然后再一道道上西菜。彼德同意，这样他可从容学烹意式菜。

上了羊肉包子，是由用人端进餐厅桌上，然后他专心看彼德的手艺。当时餐厅对他的羊肉包子的反应，他无法知道。后来他吃了彼德的一些菜后，就告辞了。

秦爷刚回到家，沏上茶，边喝边和杨二说彼德的厨艺，他说："人家是经过正规培训的，咱是下九流混饭的，不服不行，另外，食材也不同啊，彼德用的是西班牙橄榄油，我使花生油。咱靠葱、姜、蒜、花椒、大料调味，西方人凭各种香料，不服人家不行。我做羊肉包子，只是让他们尝尝鲜，原是上不了席面的。"

正说着，母亲带着我推门进来了，笑得极为灿烂，说："秦爷，您可给咱中国人争脸了。刚刚周理妈妈打电话过来说，你的羊肉包子一上席，陪客的中国人一脸疑惑和鄙夷，金城银行经理还小声问我："嫂子，怎上了……"正说着，花旗银行的美国人忽然高叫，意思是这东西太好吃了。周太太看美国人吃得香，就放心了。金城银行经理也顺手吃了一个，说确实地道，一盘羊肉包子吃个精光。接着用人就上龙虾、烤鹅等洋菜，桌上的美国、英国、意大利客人焦急地说:"夫人,很抱歉,我们还想吃中国热狗。"周太太忙去厨房找彼德,彼德刚刚把剩下的几个羊肉包子吃了个干净。周太太表示歉意,没想到先生们这么爱吃羊肉包子,噢,它不是热狗,是中国美食。老外们耸肩道:"夫人,这是我在贵国吃到最香的美食!"

杨二开玩笑,秦爷,咱跟老爷说说,去美国开羊肉包子铺,没准能赚大把美元!他又冲我说:"小少爷去当经理,秦爷大厨,我杨二当大堂领班。"

我说:"去美国没劲,咱去日本东京,开羊肉包子铺,让日本人知道羊肉包子比日本料理可好吃多了。太郎就爱吃秦爷的羊肉包子。"

自此,秦爷被周府请过多次,给他家各路客人蒸羊肉包子,屡试不爽,总是夸赞之声不绝于耳。

母亲偶尔也请彼德来我家献意大利厨艺。有一次,祖父请在英国一直照顾章老师的那位律师来津。据母亲说,是结算那笔专门供章老师母女在英生活开销的存款,剩余的全部转入瑞士银行,专供章老师之需。我又问母亲,章老师到底是谁,我是叫她姑姑还是叫老师。母亲抚摩着我的头说:"有些事小孩子不知道的好。"

六十多岁的英国律师在章老师和杨二的陪同下,参观了故宫、长城,游了上海、苏杭、南京,后决定返回英国,母亲征得周太太和祖父的同意,把彼德请来,为英国律师饯行。客人有原意大利工部局翻译刘先生、白羽先生、张淑纯校长、《益世报》社长刘豁轩先生等。

席间，英国律师饮酒品菜，很高兴，喝了章老师的敬酒，有些感慨地说："章小姐已长成美人儿，真高兴，想当初，你和你母亲相依为命，苦度童年，历历在目哇，这让我想起菲茨杰拉德的话：'成长是一件非常困难的事情，当人生度过幼年期进入社会期，才感到从容自如。'祝贺章小姐进入人生最美丽的年华。"

章老师听罢，目光黯然，伤感地说："感谢在我生命中曾给我温暖的人！"

祖父是驾驭局面的高手，他注意到老律师有些激动，便说："'人生天地间，忽如远行客'，章姑娘在英国读书，得到您的无私周到的帮助，真是让人感动。我与先生在伦敦相见时，我们刚到中年，此次相晤，真是'浮云一别后，流水十年间'，'欢笑情如旧，萧疏鬓已白'。我们中国人讲究知恩图报。'投之以木瓜，报之以琼瑶'，你全力以赴助章姑娘的生活、读书，我们更是没齿难忘的。"席上客人闻之，皆举杯祝贺。我看到章老师已热泪盈眶了，想必祖父的一番话，勾起她太多的回忆……

1958年，章老师通过叔叔汪泰昌，从日本朋友那里，转信给母亲，告之她在前一年，曾与泰昌叔叔飞伦敦，在她的母亲忌日那天到一墓地给安眠在大理石墓里的母亲，献上一束鲜花和从台湾带去的小八件点心和黄酒，然后对孤独的灵魂说："妈妈，西蒙·波娃说'婚姻是要联合两个完整的独立个体'，但您的生命中，只有我和您，我不知道您那另一个独立个体是谁。"

信上说，章老师在她的母亲墓前哭得几乎昏厥。后来章老师是否再去祭悼可怜的母亲，就不得而知了。母亲在生命的尽头，告诉已中年的我："每到清明你给我扫墓时，也给章老师献上一束花，我转给这位可怜的女人。"我每次清明给父母亲扫墓时，总是另外带一束鲜花，献给章老师孤独的灵魂。我曾无数次怀疑，那位可怜的章老师，章并不是她的真姓。一个真实女性的命运，就这么湮没在虚构的回忆中……

这年的年底，一直下着雪，忽然有一天，秦爷购物回家，边拍身上的积雪，边说他正巧遇到彼德，他匆匆从周理家往外搬自己的行李往汽车上装，只草草说了几句话。周理家昨夜被政府派宪兵查抄，别墅空无一人了。

我要去看周理，母亲拦住我，我哭了。

等祖父和父亲回家，听祖父一说，才清楚周理家被抄没的原委。天津市政府说，经查，周光（周理父亲）1946 年从重庆原财政部调到天津任市财政局前就有贪污的行为。到京后即利用接敌伪资产之际，敲诈勒索敌伪人员的财物家产，连瑞士籍犹太商人李亚溥也不放过，直到将人家意租界的别墅弄到手，才放人家回欧洲。在外汇市场开放时，与银行勾结，在一放一禁、一抛一收之际，大动手脚，竟捞六十余万美元。尽管有更大的官拿了他的好处为他撑腰，但其涉案太多，金额又巨大，社会舆论沸沸扬扬，又不得不丢卒保帅，抓捕入监后，又怕他交代内幕，牵连自己，便草草走过场，最后匆匆一枪毙命，保住自己，又对社会有个交代。

母亲说，看上去那么斯文尔雅之人，灵魂却这般丑陋无耻，可怜那漂亮愚笨的周夫人。父亲在一边笑着说："说你杨九姑短见吧，你不服。管这个案子的朋友说，周光不择手段，捞钱下手快、准、狠，从不失手。而这位太太与周光狼狈为奸，用色相做钓饵，那个商界老狐狸瑞士人，就是被引诱上了她的床，被其夫破门捉奸成双，硬是要上法庭的情况下，不得不舍财求平安，把那栋别墅签字画押，以抵债为名，过户给周光。她还多次施美人计，把长官勾搭上手，给她丈夫弄到许多捞钱的机会。只因他们夫妻太贪，忘了分些羹汤给下属，结果最亲近的秘书为了个人升官发财，将他检举密告，东窗事发，一命呜呼，我的傻杨九姑。"

我问在场的人："你们知道周理的下落吗？"

没有人回答。只有祖父过来，带着抽泣的我，上楼去了书房。他搂我坐在沙发上，说："才子曹植说'变故在斯须，百年谁能持'，说的是人的一辈子，谁能永远没变故呢，人生在顷刻之间，就可能发生变化。周理今年也就十二三岁吧，父母作孽，家庭突遭变故，这很不幸。父母之过，与孩子无关，相信这一变故，对周理一生的命运会造成影响。但只要他自强不息，没准还会有大出息。

爷爷我十六岁闯关东，比他大不了几岁，天行健，君子以自强不息呀！"

我记得章老师说，周理以四年级学历，考上了木斋中学。当夜，我找到章老师，表示我很在意周理这个朋友，章老师也说，父母禽兽不如，周理何辜，若能找到他，我们来帮助他。

第二天一早，阴云低沉，大雪飘飞，我和章老师冒雪到了建国道北侧木斋中学校门，等到学生都进了校，也没发现周理。后来，章老师带我去校长室，校长不在，一个主任说周理在初一二班，自四天前就没来上课，我们联系其家乡，也不知其所终。

走出校门，雪下得更大，几乎让人睁不开眼睛，章老师搂着我，在雪幕里默默前行……

第十一章

绾高髻、戴白花的邻家女孩儿

我读三年级时，偶尔遇到了休学的郭英，她正挽扶着双目失明的奶奶，到我校大佛寺进香。她父母在台儿庄战役中以身殉国，孤苦的一老一幼在用这种方式祭悼亲人。郭英因家境贫寒，只能休学，整日伺候奶奶。两人相依为命。

　　郭英梳着高髻，头上戴着一朵绢制的白菊花，身穿洗得褪色的蓝色布衫，走起来婷婷袅袅。母亲说，郭英那张脸俊俏又典雅，有古代美人的神韵。章老师说，她那双清澈干净的眼神，顾盼间，不是风情万种，而流溢着圣洁光芒。

　　我班同学曾在赵斑老师的带动下，自愿捐了钱物，帮助郭英。赵斑老师捐了半个月的薪水，一起送到郭英家。老奶奶感谢之后，断然拒绝，对赵斑老师说："穷，命也，但人穷不能志短，要安贫乐道。如果我们接受施舍，就会丧失尊严，郭英就会在屈辱中苟活。"

　　这些话，我亲耳听到过。有一次，找到郭英家帮助她补课，母亲和章老师带些钱物来看望老奶奶，盘腿坐在炕上的老人很谦恭地感谢母亲她们的好意，很坚决地说了"人穷志不能短"的那些话。母亲和章老师听后，很懊悔，不该如此轻慢有尊严的老人。

王苗生成为含光女子学校代理美术老师之后，学校美术活动搞得有声有色，章老师建议，学生素描课，可找郭英当模特儿。按常规都付模特儿费，老奶奶是接受的，结果成绩喜人，在全市中学生书画展上，有两幅人体素描入选，是郭英不同姿态的素描，让人注目。而在全市画展中，王苗生的油画《戴白花的女孩儿》，惊艳津门。画中那个衣着朴素，高髻上戴着白菊的女孩儿，清澈明亮又有些忧郁的眼神，深深地撩动观者的灵魂。

如同一个传统的团圆故事，刚解放，郭英那个被"捐躯"的父亲突然回家团圆。但因战争摧残，他已成了有些呆痴的半老病人。十五岁的郭英不但要侍奉年迈的奶奶，还要照料死里逃生的残废父亲。后来干爹赵斑老师入狱，她还会按时去探监……

我就读的天津第二中心小学，最早是由一座名叫"大佛寺"的寺庙改建的，1919年奥租界收回，在这寺庙旧址建立了"大佛寺小学"，九年后，改称市立第二十六小学，新中国成立之初，又改为河北区第二中心小学。

　　我是1948年，以三年级插班新生，到这所小学，一直读到六年级，整整在此学习了四年。刚到校，我们的班主任赵斑老师说，去年（1947年）一些这座庙的香客、居士集资，重修了庙舍，我们一进校门，见到的木雕释迦牟尼像，就是刚刚迎进大佛寺的。赵斑老师说，这里的方丈还在，香客很多，常常影响上课。

　　逢每月15日，总有一些人到这里烧香磕头。我见过一个双目失明的老妇人，由一个与我一般大小的女孩儿搀扶着，跪在释迦牟尼的雕像前很久方离去。有几次中午放学，正与进完香的他们同伴而归，他们的家与圣心医院马路相对。与我家别墅也不远，我与那女孩儿就熟了。知道她搀扶的老人是她奶奶。让我印象深刻的是，那双目失明的老人，无论春夏秋冬，总身着一袭深蓝的衣裤；虽有补丁，却干净整洁。而女孩儿也总穿一身极朴素的衣裤，但她梳着高高发髻上的那朵白花极为醒目。

对这高高发髻和那朵白花，我是有记忆的。一年冬天，刚下过一场雪，我因逞能，与同学比谁能抗寒，就在大雪中只穿一件制服上课，结果我和另两位男生都感冒发烧，让校医送回了家。下午杨二陪我去圣心医院打针。走到医院西侧，在医院推出的锅炉燃后的煤灰堆上，有几个人在捡拾什么，其中有个女孩儿的高髻和白花很醒目。我问杨二叔叔他们在干什么。杨二告诉我，锅炉房烧过的废煤渣里，有没有烧透的煤，外表像一块灰白的石头，但核里是煤，穷人家买不起煤，就靠捡拾灰烬中的煤取暖做饭。咱别墅壁炉里烧木柴，但秦爷的厨房可要烧煤块和煤球。秦爷很勤俭，总是经过挑选后，才把废煤运出去，就这样，还有人天天从那里捡废煤呢。

有一次，我与章老师到东站去接祖父，正巧碰到那个梳高髻戴白花的女孩儿搀着她奶奶从医院出来。我过去与她打招呼。她说奶奶昨夜又吐了血，然后朝章老师笑着点点头走了。

章老师说："那老奶奶定是患了肺痨，不然气色不会那么苍白。"又问："你跟他们熟吗？"我摇摇头说："只是常常碰面。"章老师又说："看上去他们家境贫寒，难以治愈老太太的肺痨，然后叹了口气。"

有一天放学，我出校门时，正巧遇到赵斑老师与又来上香的那个女孩儿和老人交谈，彼此似乎很熟稔。在上自习课时，赵斑老师对大家说："郭英的奶奶病重了，她奶奶肺痨咯血不止。他们的亲人在抗日战争中，为国捐躯了，大家都知道，靠典当家里的东西给奶奶治病，郭英难哪！大家能帮她多少就帮她多少，咱们在寺庙读书，要以悲悯苍生为怀，救人危难，胜造七级浮屠哇！"

后来我才知道，那个梳高髻、戴白花的女孩儿叫郭英，原是我所在班级的学生，成绩优秀，性情温良，善于助人，父母皆在部队服役，奋战沙场，喋血台儿庄。三岁成为孤儿的郭英，由奶奶含辛茹苦拉扯长到十三岁。郭英六岁，一连三天发高烧不退，命悬一线，急火攻心，奶奶两目失明，多亏家里尚有些细软，当了钱给郭英治病，才挽救了烈士的遗孤。奶奶无法给人缝补和打零工了，只能靠典当不多的家底和替人洗衣勉强度日了。1947 年寒假前，郭英以语文、算术、历史、地理等六门功课百分，开始休学。赵斑老师多次去郭英家挽留劝学，但见老人阳寿无多，除了郭英，无人照料，也只能叹息而归，当他看到郭英还能挤时间自学三年级的功课，两眼立刻湿润了。

我把郭英的情况告诉母亲和章老师，她们也唏嘘不已。

有一天，我拉章老师第一次去郭英家，让我们惊叹异常。那是在一个很小的巷子深处的小院，两间北房，一间厢房。院子虽小，房舍很简陋破旧，但干净得几乎一尘不染。北房一明一暗。明为外间，有一灶台、炊具，郭英正忙着烧火做饭，身上还系着围裙。

见我们来，赶忙用围裙擦擦手，掀起门帘把我们让进内屋。只见屋有一炕，炕有一方小炕桌，一边是老人的卧榻，一边是郭英的铺盖，地上有一破旧的小方桌，左右各一木椅、一套茶盘、茶杯和暖水瓶，都很破旧，但干净明亮，最值钱的大概是木桌上一对古雅的豆青彩绘胆瓶。老奶奶知道有人来访，便挣扎着坐起来，靠在墙上，苍白的脸上浮着微笑，细看，那张脸尚留下昔日的俊俏。这是章老师说的。

　　我和章老师分别坐在木桌两边，郭英忙给我们倒水。那茶杯干净得让你放心饮用，我和章老师都喝起白开水。然后就和老奶奶聊起来，老奶奶说得很少，只是倾听；章老师说得多，我插不上话，就到明间看郭英添柴做饭。那灶台有两个锅，一个正蒸小米和红薯干的干饭，一个小锅准备炒菜。案板上有切好的萝卜和泡在小盒里的切好的土豆丝。郭英说，这一泡，土豆丝不变色，而且炒后很脆。我决定留下吃饭。郭英笑了，粗茶淡饭没啥好吃的。正说着，章老师掀门帘笑着出来了，听我说要留下吃饭，忙说："郭英和奶奶的饭菜，哪能供三个人吃，别闹了，回家吧。"

　　郭英也不挽留，送我们到门口，给章老师鞠躬。我们没走多远，郭英追了出来，手里拿着个信封，说"章老师您太客气了，奶奶说，无功受禄，心里不安"，说罢便把信封塞到我的手里，然后走了。章老师说："我想帮助他们一下，考虑人家也有自尊心，就象征性地留了点儿钱。其实只有一袋加拿大兵船面粉的钱。"我要再回去送给郭英，章老师拦住我，说老太太是个活得很有尊严的人，从不接受别人的施舍，以后再想办法帮助他们吧。

章老师与老太太说话后，得到一些关于郭英身世的信息，好像并没有赵斑老师知道得多。郭英从不和我谈家事，也从不提家里生活的困窘，总说："还行，我和奶奶生活得挺好。"

偶尔，我与王蕴生谈郭英，他表示很钦佩她，吃多大苦，从不说与人听，总是乐观地面对。他说去年我还没插班时，赵斑老师曾派他将班里同学捐助的钱物送到郭英家，交给了老奶奶。老奶奶抚摩着他的头说，感谢大家的好意，但老朽不敢收取，因还没到揭不开锅靠施舍过日子的时候。老奶奶死活不收，他只好又带回学校，原封未动地还给赵斑老师。赵斑老师说，他理解一个极有自尊的老人的心态，便将钱作为班费存起来。后郭英休学，赵斑老师又亲自去郭英家，把三年级新课本和一些文具纸本带给她，老奶奶很喜欢赵斑老师，特意让郭英蒸了米饭，烧了几条很便宜的海杂鱼，非常诚恳地对赵老师说："你只身一人，活得也不容易，你要还看得起我们，留下吃饭吧。"

老太太从孙女嘴里得知赵斑老师曾参军抗日，战场上两次负伤后退伍，就格外感到亲近。每年过节，总做点儿像样的饭菜，让郭英请他去家里吃，就当他是家里人一样。赵斑老师也总是想方设法资助老人和郭英。一开始老太太对送钱的赵斑，大发雷霆，将钱扔在地上，几乎是哭着说，俺是把你当成儿子看待，你咋就用钱来回报我的这腔疼爱。

赵斑哭了，搂着老太太叫了声："娘！"

赵斑从此不敢提钱，更甭说送钱了，他经常送米送面，还给老小买衣物偷偷交给郭英，从未享受过父爱的郭英，从此便把他当成了亲爹。

后来，老太太肺痨加重，常常咯血，赵斑就跑到圣心医院，将郭英奶奶曾就职本院当护士之经历告之，请求他们给予帮助。医院有老太太的档案。于是达成这样的协议：医疗诊治免费，但所服贵重药品由赵斑给付。老太太到医院时，院负责人将他们优惠原来员工的条款（隐去了赵斑交药费）说给她，老人深深鞠躬致谢。以后，再到医院看病，就没了筹钱之苦了。直到赵斑被捕，老人才明白真相，整整哭了一宿。但那时，十七岁的郭英已成了天津第一中心医院的护士，老太太再无衣食之忧，病情也开始好转。这是后话。

章老师与我探看了郭英家之后，就与母亲商量如何帮助郭英一家。章老师的意见是，直接用经济方式帮助伤人家感情，再想别的办法。但可先从帮助郭英自学入手。母亲赞同。

已知赵老师将三年级课本送给了郭英，那我就决定每周二、周四、周六放学后去她家，帮她补习。章老师一周去一次。我还把这个安排告诉赵斑老师，他听后很高兴。他说学校杂事缠身，很难坚持定时给郭英上课，你和章女士去，同时也帮了我的忙。

第一次去帮郭英，让我很丢面子。我以为郭英辍学多半年，整天围着灶台转，还要洗衣尤其要悉心周到地照看老人，学习会荒废许多。等我们对桌而坐，翻开语文课本，从第一篇课文开始，我先把难写的字写出来，一个字一个字地读音解析。轮到郭英回答时，她竟可将课文背得滚瓜烂熟。学算术时，课本上的练习题也运算正确；历史地理课，她干脆先讲给我听，这让我这个充当老师的很羞窘。我忙说："郭英，你自学得这么好，真让我吃惊。"双目失明，却有一双好耳朵的老奶奶，此时淡淡一笑，说："英子在早晨和晚上，总要安静地看书写字，有时问我，有时查他爸爸留下的康熙字典，搞不清楚，她会不吃不睡。"

再去她家，我们改为共同上课、彼此交流的方式，比如学《农夫和蛇》一文时，我会把有关资料，说给她听，然后讨论文章内容。有时，郭英的解析会很透彻准确。我表示赞许时，她会说遇到难点，总是奶奶悉心讲解，她才融会贯通。

1948年2月，国民党政府开始实施《五市粮食配售通则》，粮食短缺且价格迅速上涨。上海、重庆等地饥民发生抢粮现象，天津不良商贩囤积居奇，老百姓日子更苦。

我照常每周二、周四、周六到郭英家为她补课。一天，赵斑老师背了半袋白面，示意我们不要声张，小心翼翼地将面放在米缸里，掀帘进了里屋，叫了声"大娘"，说几句话，就看我们帮学的情况。他选了一篇语文课文，考了郭英一番，郭英皆对答如流。赵斑老师笑着说："英子真是可教之才。"然后，他对老奶奶说："大娘，有了英子，你就等着享福吧。"

有一天，章老师对母亲和我说，米价如此之高，郭英家日子更难熬了。母亲没说话，就拉着章老师上楼去喝茶了。

我再去郭英家时，郭英高兴地告诉我说："昨天天一黑，我家来了个我爸爸的战友，送来一袋米一袋面。他跟我奶奶说，是过去队伍开拔前向我爹借过一笔钱，寄给乡下爹娘，后来和我爹分别都上了前线打鬼子，这笔钱就未能归还。前些日子，他刚调回天津驻防，得知郭兄弟不幸为国捐躯，说不能昧良心不还这笔钱，算了一下，除了这两袋米和面，还得还回三十块大洋。说罢，他又从提包里拿出三十块大洋放在桌上，还让我代奶奶签了字。然后，他给奶奶鞠了躬，转身走了。奶奶很久没说话，睡觉前，才说了一句我不懂的话：'人在做，天在看啊！'"

我得到这一消息，马上赶到赵斑老师的小屋将实情相告。赵斑老师沉默了一会儿，如同郭英奶奶一样，也说了一句莫名其妙的话："菩萨在天上，真佛在人间啊！"

我回到家，在饭桌上，又将今天发生的事说给母亲和章老师听。她们双手合十，曰："阿弥陀佛！吉人自有天相啊！"饭后我又到厨房将上面的事说给秦爷听，秦爷摊开双臂，做百思不解状。

有一天下午，下着淅淅沥沥的秋雨，在雨声中，我和郭英温习功课。有敲门声，郭英去开门后，领进的是章老师。她把雨伞放在屋檐下，进了里屋，先问候老奶奶，然后说含光女子中学有个美术小组，辅导老师是郭英和兆骞的同学王蕴生的哥哥王苗生。他们现在上素描和写生课，想请个人物模特儿。王苗生和我商量，说郭英长得不仅俊俏，气质还特别庄重古典，最适合不过了。王苗生见过奶奶，他的印象是奶奶的容貌遗传给了郭英。奶奶只是微微一笑，说："她妈妈才是一个美人儿。"

奶奶同意，郭英却不干，说奶奶片刻都离不开人，丢下奶奶她不放心。

僵持了片刻，我说："奶奶，我侍候您呀。"

老奶奶点头说："这孩子靠谱。"

在一个秋阳很温暖的下午，章老师来接郭英，在穿什么衣服上没有争议，郭英穿了一身洗得干干净净、很合体的蓝布衣裤，那是失明奶奶在年初，让郭英扯了一丈二尺阴丹士林蓝布，摸着孙女的身腰精心剪裁缝制的。郭英说，做好后，给她穿在身上，系好后一个扣襻时，说："苦命的孙女，长成有好身腰的大姑娘了。"然后老人流下混浊的泪水。英子紧紧抱住老人嘤嘤地哭了。

后来，章老师对母亲和我说，郭英被她带进美术室，那一身微旧的传统衣裤、一张典雅纯净的脸庞、一个高高绾起的发髻，一朵雪白的绢菊花，让王苗生的眼睛亮起来，十几位高中女生也凝视着她。王茁生把她引到一个台子上，让她随意地站在那里，眼睛朝远处看。两个多小时，没人要休息，都在细心地观察和描摹这个富有古典意味的女孩儿。王茁生先是辅导学生，后来竟独自在画板上画起来……

章老师送回郭英时，天色已昏暗下来。章老师先把让秦爷做的羊肉包子从大纸包里取出，说耽误了英子做饭。带我走前，章老师又把应付的模特儿费两块银圆交给奶奶说："公事公办，是校方按劳付酬。"

临走时，老奶奶突然说了一句，刚吃的羊肉包子，很像当年德美楼秦师傅的羊肉包子的味道。章老师回家说与母亲听，母亲说老太太心如明镜。后来，章老师把母亲差遣秦爷装扮郭英父亲战友送米面、银圆之事告诉我时，说："有时善良的骗局，同样烛照出人性的美丽，孩子，你母亲是个好人啊！"

后来，在含光女子中学的学生绘画展览中，有两幅郭英的素描。两个相似又不同的古典意味的少女，呈现在观者的面前，让人注目凝视，学生和家长反应很热烈。

没多久，市里书画展上，一幅题为《戴白花的女孩儿》的油画轰动津门。那是王茁生的作品。那衣着朴素、高髻上戴着白菊花的女孩儿，清澈明亮又有些忧郁的眼神，深深地撩动了观画人的灵魂。站在画前，母亲和章老师双眼都浸满了泪水，母亲说："在纯洁的眼神下，我有些无地自容。"章老师对陪着看画展的王茁生深有感触地说："纯净的东西是最美的。废名先生说'鹄不日浴而白，乌不日黔而乌'，骨子里的东西是做不出来的。"

在展会上，有许多记者采访王苗生，他回答最多的是"画上的少女，是我邻家的女孩儿"。

章老师在离开天津赴台湾前，曾让母亲和我陪着，踏进浓重的夜幕，在昏暗的路灯下，走进那条黑黑的小巷，我敲开郭英的门。

章老师把一个装有《戴白花的女孩儿》油画彩色照片的镜框送给郭英，当时并无彩色照片，是章老师请照相馆着色的。郭英看了看，然后抱在怀里，脸上洋溢着无限的喜悦。章老师对老奶奶说："您真有福气，身边有这么乖巧的孙女相伴。郭英很有天赋，不要耽误她的求学，知识对他们的未来前程重要。过几天我要远行，今夜我的姐姐——兆骞的母亲也来了，您以后有什么困难，就让英子找她吧。"

说完，她从提兜里掏出一件蓝色的小呢外套。外套很贴身。她扶着郭英的双肩，亲了一下，转身走了。郭英脱下衣服，要追出去，被母亲拦住，说："孩子，你要懂事，千万别拂了她的一片心意。"一直沉默的老奶奶发了话："英子记住章老师的这片苦心。"

回到别墅，又是一场生离死别，母亲和章老师相拥很久，以泪洗面，然后章老师又和我拥抱后，怆然消失在漆黑的深夜，我们都知道，这会是永诀。

1949 年 1 月，刘亚楼攻下天津城，陈长捷苦撑二十九小时，被解放军活捉。天津宣布解放。

破城那天，我与秦爷和母亲返回别墅，很担心郭英和她奶奶的安危，秦爷原想过去看看，母亲使个眼色，秦爷就不再接这个茬儿。多年后，母亲才告诉我，她曾让秦爷扮郭英父亲的战友，演了一出"还债"的戏。我说，"母亲，章老师早就告诉我了"，然后亲了母亲。

不久，吃晚饭时我和杨二下完棋，母亲和秦爷肩着厚厚的白雪回到别墅，掸掉身上的雪花。杨二做的热面片汤端上饭桌，母亲才说，刚才和秦爷去郭英家看了看，那一老一小好着哪，解放军进城后，还在她家厢房里住过几天，还教会郭英唱"解放区的天，是明朗的天"呢。秦爷后来说，母亲让他把煤和米面背到巷子里，放在门口，然后让我离开，是少奶奶把东西折腾到院里的。他还说，章老师从小没家没业，与孤苦伶仃的一老一少，同病相怜，而少奶奶是个有菩萨心肠、济贫救困的好人。

大概是 1951 年，苏联芭蕾舞团访问北京，顺便又到天津演出，教育局责成第二中心小学选一个班去剧场助兴，并选一个儿童上台献花。经赵斑老师和"香蕉"老师争取，我很幸运地被选中，后又来通知说，要两个献花者，一男一女。赵斑老师提出选休学的郭英，这是学校对有困难孩子的关爱和抚慰。校方很快同意。

到台上献花时，我坚持穿婶婶给我做的中式小棉袄，而郭英硬要穿平时那身蓝布衫，赵斑老师还是说服她穿上章老师送的蓝呢小外套。苏联歌舞团的领队接受我们的鲜花时，记者拍了照片。那位团长很喜欢我的中式扣襟的小棉袄，也喜欢郭英的高髻和白花。

中国人总喜欢大团圆的结局，生活中真的不乏这种大团圆的例子。我和郭英都上六年级时，郭英那个被"捐躯"的父亲突然走进那条小巷。他们一家那激动人心的重逢场面我没看见，凭想象也能猜到那是喜极而泣，哭得死去活来，又是喜得似疯似癫。

我没有贸然去见这位陌生人。我是在赵斑老师的小屋里，听郭英述说他父亲由"鬼"变成人的。郭英太激动，说得支离破碎、语焉不详。后来是赵斑老师去拜见了她的父亲，听清楚了。

原来，她父亲是个军医，妻子是护士，在台儿庄惨烈的战役中，他的连队几乎全部阵亡，日本鬼子打扫战场时，发现她父亲尚有气息，拟再补一枪击毙时，她父亲用日语说"我还活着，是军医"，由此捡了一条命。那时医务人员在战争中奇缺，又得知他曾在日本医学院毕业时，日军便治好他的伤，监督他治疗伤员。后来，他随日军调到太平洋一个岛上。美军消灭了驻守日军大部，俘虏了一批伤残者，郭英父亲被当作日俘关押。日本投降后，这批日俘被送到日本本土。他多次设法回到中国，甚至到美国占领军所在地申诉自己是中国人，但没有任何证据，反而被怀疑有重大罪恶继续关押，等待对日军的审判。好容易侦查清楚，他被送

232

回国民党部队。后来，他又随国民党军队被派到东北与解放军作战，在辽沈战役中成了解放军俘虏，被整编成人民军队时，他在日本部队参战的事东窗事发，被押到沈阳监狱待审。全国解放后，重审此案，查清他只是医生，没有血债，决定释放。于是就有了他重回天津与母女重逢的经历。

赵斑老师说，命运捉弄，人世沧桑，使这个医术高明，曾充满济世理想的人，已变得迟钝、呆痴，毫无活力。可怜的郭英，要面对的是服侍两个不健康的人。

母亲得知，连连叹息，沉默无语，秦爷也只说："老天爷咋这么不公！"

我想起关汉卿的《窦娥冤》，说妈妈你听过这出戏，窦娥那唱段，是不是有："有日月朝暮悬，有鬼神掌着生死权。天地也，只合把清浊分辨，可怎生糊涂了盗跖、颜渊……"

母亲用河北梆子的高腔唱道："为善的，受贫穷更命短；造恶的，享富贵又寿延……"倾吐出母亲一腔对世道不公的愤恨。

小学毕业后，我上了中学，郭英考入护士学校。见面机会不多了，偶尔见面还是很亲切的。她说："爸爸回来后，奶奶高兴得双目重见天日。不过，看到爸爸那呆痴的模样，后悔还不如什么都看不见。"她有些伤感。我注意到，她那高髻变成了长辫，扎上了红头绳，那朵白菊花不见了。

有一天，她突然到别墅找我。正好母亲与我商量暑假去北戴河度假。我忙把她引进一楼客厅，母亲总是用怜爱的目光看着她。郭英两眼浸满泪水，说："赵斑老师被判刑了！"我们都很震惊，又不知说什么好。

临走时，她跟我说："我会经常探监，他是我干爹啊！"

母亲看着她远去的背影说："这孩子命真苦，服侍老奶奶，照顾痴老爷，如今又得惦记着赵斑老师！你没注意到吗，她那眼神里浓浓的阴郁淹没了往日的清丽。可怜的孩子呀！"

听罢，我冲出门，去追赶郭英……

第十二章

叔叔和婶婶的婚姻悲剧

叔叔是燕京大学毕业生，在校时已有恋人，后因不满祖母为他强行安排的婚姻，以随杨扶青爷爷到台湾发展为名，逃离了婚事，从此一生漂泊在海的另一头，咀嚼失去恋人和母亲的痛楚。可是他整整一生，都没有向我那贤淑美丽，为他等待多年的婶婶，说过一句道歉的话。

　　婚礼由我祖母安排在我的老家祖宅举行。叔叔被祖母训斥着，与从不相识的婶婶拜堂时，他的恋人，一位将军的女儿，突然带着一件漂亮的婚装出现在现场……

　　我在六岁前，从未与婶婶谋面，却常常收到她为我缝制的冬夏衣裤，虽土得让小伙伴们嘲笑，但我不以为然。母亲和章老师都说，那是可怜的婶婶的心意。新中国成立后，学校选我为到津演出的苏联芭蕾舞团献花时，我执意穿着粗布对襟上衣，戴着红领巾上台。那位团长阿姨看着我的衣服说："哈拉少（俄语，好的意思）。"

　　有一年，火热的夏天，母亲带我回老宅看望祖母和婶婶。傍晚，婶婶带我到村边的沙河洗澡，这里自古就有白天男人洗浴，傍晚女人洗浴的传统。在沙滩上用手挖个水塘，不久那里就注满了清水。婶婶说，你还是小孩儿，可以洗的。我看到，婶婶在月光下，一身肌肤如雪，凝脂玉雕般美丽。怪不得人人都说婶婶美如天仙。

婶婶的心灵更美，熬了二十年，在祖母再三劝说下，婶婶改嫁了。但在最困难的十年动乱时期，婶婶总是给我们以无私的帮助。

1989 年，叔叔从台湾来信，说章老师罹患癌症，不幸辞世。临走前，她背诵莫泊桑的"人如果不能哭出来，最后免不了要疯狂或者死亡"，然后在悲怆抽泣中永远地闭上了双眼。

知天命的我，仰天无语，泪流满面。

1947 年，整个中国弥漫着战争的气息。就在这年夏天，国共和谈破裂，蒋介石宣布"戡乱总动员令"，旨在消灭共产党政权和军队。毛泽东指挥解放大军拉开战略反攻的序幕，在占领东北大部的同时，刘邓大军渡过汝河，挺进大别山，将战火引向国统区。同时，共产党中央在西柏坡通过《中国土地法大纲》，废除一切地主的土地所有权。不久，土改运动在解放区轰轰烈烈地展开。10 月，发表《中国人民解放军宣言》，提出解放全中国的号召。

我是在家里的收音机里听到这些消息的。在天津意租界圣心医院行医不足两个月的父亲，有时会对母亲讲讲形势，特别是从北平到别墅公干的祖父，会不避讳我这个小孩子，详细谈论相关的事情。

是年 9 月，国府立法院批准与意大利签订意大利放弃在天津、上海和厦门租界的和约。天津意租界，收归中国管辖。此次祖父来津，就为处理在意租界一铁工厂和部分房产事宜，为更好地与意大利天津租界工部局交涉，祖父电告台湾的叔叔汪泰昌回津，由精通英法两国语言的他和章老师担任与意方谈判的翻译和文书。父亲只好辞去医职，又成为祖父的帮手。

汪泰昌叔叔是 9 月底乘邮轮从台湾高雄来津的，父亲拉着我由杨二开车去天津塘沽口岸去接叔叔。我们刚到码头，就见一艘中等邮轮缓缓靠岸。不多会儿，叔叔出现在船舷上。灰色西装，灰色礼帽，微笑着向我们招手。他下得舷梯，放下皮箱，提着一篮香蕉，说是已烂了一半，剩下的已熟透。说着，他给父亲和我各剥一根。

那时叔叔三十二岁，英俊儒雅。父亲告诉他，他写的关于美苏关系的两篇长文，已由《益世报》相继发表，影响不小，报社曾电话告诉父亲，两文对苏美战后的复杂关系，分析判断切中肯綮，读者反响不错。叔叔似更关心我的情况，对父亲说，对我一定要请好老师启蒙。

回到别墅，家里人早在一楼客厅等待。站在一旁，凝视这一场面的祖父又把章老师介绍给叔叔。

叔叔和章老师几乎同时笑着说，早就在伦敦见过，而且一直通信。祖父也笑了："孤客一身千里外，相望相思又相见，高兴啊！"

叔叔握着章老师的手："我们在英国初见时，你还是个穿学生装的小女孩儿，如今已出落成一个亭亭玉立的大姑娘了。"

章老师嫣然一笑，开始用英语与叔叔交谈。

在饭桌上，叔叔一定要坐在母亲身边。膳中，他举酒杯对母亲说："长嫂如母，在外求学时多亏嫂子的帮助，我的逃婚之举，母亲至今不原谅我，而嫂子理解我的苦衷，知我者，唯嫂子也。"

祖父有些不快，说："无父何怙，无母何恃？到北平后，不要再惹你母亲不快。"

关于叔叔逃婚的事情，我断断续续从各方面听到一些，更多的来自母亲与章老师的一次夜谈。那是一个冬夜，书房的大壁炉里，大块木头燃着旺旺的火苗，母亲与章老师聊天，我也在那里看有关希腊的书。

母亲与章老师在谈叔叔的婚事，我放下书，一直听到睡着在母亲的怀里……

如同梦境，直到 20 世纪 80 年代，我真正懂得人生之后，才把我熟悉的四双眼睛，写进一篇名为《秦娥心事问应难》的回忆中，它们是由四双眼睛构成的故事：叔叔明亮而热烈的眼睛，婶婶晶莹而温柔的眼睛，赵姨幽深而惆怅的眼睛，祖母阴郁而慈爱的眼睛。四个人的眼睛，因命运和婚姻纠缠在一起，演绎了一出虽非轰轰烈烈却也刻骨铭心的人间悲剧。此文发在发行量高达百万之巨的广州《妇女》杂志上，获一等奖，广州作协主席陈国凯兄屈居第二。大诗人牛汉读后，说它是一首悠长的抒情诗。导演吴天明还想拍成电影，被我婉拒。刚刚到台湾与叔叔相聚，我不愿在他已受伤的心上，再撒把盐。

泰昌叔叔比父亲小许多，父亲跟着祖父闯关东时，他在昌黎汇文中学读了六年书，高中毕业，被燕京大学录取。因昌黎汇文中学是美国用庚子赔款在中国建的第一所汇文中学。校舍为美式建筑，有教堂、图书馆、礼堂、实验室、操场一应俱全。学校所聘教师一半以上是美国高校毕业生，学生入学即开始学英语，教师以英语授课，教学皆美式教学方式，但特意聘燕京大学毕业的国文系学生为语文教师，与西方文学教师互为补充，故这所洋学校培养了不少国学专家。

祖父成为昌黎经济界翘楚后，被聘为校董。我家在汇文学校西侧筑一所院落，后门直通汇文中学校园，漂亮的三角湖边，从美移植的紫罗兰尽收眼底。七七事变后，校长孙维廉弃校而去，汇文中学陷入经济绝境，中外教师工资无着落，祖父毅然承担起支撑汇文中学继续办下去的重任，购买百亩良田为学校试验园，负责全校教职员工的工资。太平洋战争爆发，日美成交战国，汇文中学外国教师撤出昌黎，又聘北平学者多人，到校任课。一直到日本投降，八年办学，祖父花去的心血和金钱无法统计，祖父只说熬去家产过半。

叔叔是 1936 年到燕京大学读经济系，因研究农业经济有成，受到校长司徒雷登赏识。

在燕京读书时，叔叔与同学赵湘云相爱。母亲说，赵湘云美丽得让人疑为天仙女，大方而纯真。一年春节，母亲从天津到北京百花深处给祖父母拜年。祖母一般不在北京和天津，而愿意守在昌黎汇文中学西侧那个大院，间或住到汪上村的老宅。不远的山村曾留下了她的少年、青年和中年许多难以割舍的记忆。祖父说："胡马依北风，游子悲故乡。羁鸟恋旧林，池鱼思故渊。她不愿随我四处漂泊，愿意守在故土，过平平安安的日子。"我家在天津意租界买了大别墅，每次来住，祖母总是说，老家院子里的葡萄该熟透了，村头小庙十五该上香了……

有一天，祖父祖母正高高兴兴与父亲母亲聊天，叔叔突然披着一身雪花，推门而入，兴冲冲对父母哥嫂宣布，今晚不要做饭了，他在六国饭店，订了一桌酒席。然后，他让大家穿好衣服，他说他雇的一辆汽车正在门外恭候。

到了六国饭店，进了包厢，叔叔又急匆匆地走了，说是接个人，给大家一个惊喜。祖母脸上有些不悦。

不多时，叔叔牵着赵湘云，满面春风地走进包厢。不用介绍，大家彼此都认识。去年夏天，叔叔曾邀几位同窗好友，到昌黎的黄金海岸、汇文中学和汪上老宅度假，其中就有赵湘云和另一位李姓女郎。母亲正好在昌黎帮祖父交验一批中药材，见到赵湘云，印象很好。叔叔从来信任嫂子，常常会把心里的事和盘托出。他问嫂子湘云如何，嫂子也真心回答："赵姑娘，很可爱。"但这位嫂子心里清楚，婆婆正紧锣密鼓地给小叔子物色儿媳妇呢，她不能直说，只好暗示说："你得问问妈。"

祖母见到赵湘云，面色难看，只是点点头。酒过三巡，叔叔正式宣布与赵湘云确立恋爱关系，赵湘云一脸羞涩地笑。祖父没有立刻表态，他曾与我父亲母亲说过，湘云丫头很好，但其父系军旅中将，有与张作霖交谊的经历，我不想再与军人做儿女亲家，势利之交，古人羞之，同贵相害，同利相忌，我所不愿。祖母则冷笑曰："恋爱关系？我们祝贺。"

回到百花深处，祖母讥笑着对我母亲说："西洋人的作风，恋爱还搞个仪式。离结婚还早着哩！"

后来，叔叔与赵湘云去了英国。不久，叔叔接到祖母发自昌黎的电报，说已患重病，望儿早归。后来母亲对我说，你祖母也玩起鲁迅母亲鲁瑞玩的把戏，以病为名，骗你叔叔回国成亲。你祖母还真的读过鲁迅的不少书呢！她对鲁迅违母命撇下发妻朱安，再与许广平同居，颇有微词。母亲还说设置婚姻陷阱，还真的有传统可循。

当叔叔急忙从后封台火车站下车，由舅父和祖母妹妹的儿子耿雨轩接回老宅，推开汪上祖宅沉重的大门时，已是深夜，没有看清雕花门楼上的囍字和红绸。叔叔扔下行李，跑到灯火通明的上房见自己的母亲，他的母亲一脸喜气洋洋地抓住他的手说："回来就好，回来就好！"叔叔知道自己掉进了老娘精心却拙劣的陷阱里，一屁股坐在炕沿上，已欲哭无泪了。但当他清醒时，突然跳起来，准备冲出房门，祖母用力抓住叔叔的衣角，竟然欲跪下来。

她老泪纵横地说："只要你走出这个门，我就死给你看。"正巧，母亲闻声赶到，看见一贯倔强的老人绝望地欲跪于儿子膝下，忙扶起婆婆，对小叔子说："泰昌，认命吧，这是你的母亲！"

第二天，伴着锣鼓唢呐，一夜未眠的洋派叔叔披着红绸，骑着枣红马，失魂落魄地引着八抬花轿走进小村，在众乡亲的簇拥下，把蒙着红盖头的新娘引进雕花大门。

大约是拜堂的时候，一个身穿白衣裤的女子，非常扎眼地突然出现在现场，一直木讷呆痴的叔叔，失态地叫道："湘云……"这一声低唤，让坐在主位上一脸心满意足的祖母，结结实实地栽在祖父的怀里。

母亲发现这一切，忙把面如土色的赵湘云扶到东厢房。赵湘云似清醒过来，忙从皮箱里取出一件淡粉的婚纱说："我是给他们道喜的。"母亲的眼泪潸然而下，忙搂住她说："傻女人！"赵湘云挣脱了母亲，执意将婚纱送给新娶的，一直惊恐地瞪着一双秀目的婶婶说："衷心地祝福你。"此刻，叔叔只能悲怆地仰天长啸……

后来母亲说，叔叔刚离开伦敦，赵湘云就觉得此事大有蹊跷，遂匆匆赶到北京，然后乘火车赶到后封台。

祖母被送到十华里外的昌黎汇文中学，美国校医杰克诊断后，告诉他熟悉的祖父和父亲，祖母的病无大碍，好好休息即可痊愈。

叔叔的婚事草草办完。祖父、父亲返回北平，母亲暂时留那里侍候祖母。婚后，叔叔沉默寡言，以赎罪的姿态整日待在祖母的屋里，气得祖母说："老爷，你不去陪新媳妇，待在我这里干吗？不气死我，你不甘心是不？"

原本滴酒不沾的叔叔，竟然天天以酒浇愁，常常喝得酩酊大醉，吐得满炕皆是，由一直不知所措的婶婶默默地清理。母亲说，我每每看到她那双弯弯眉下的细长明亮的眼睛，充满疑惑、茫然、忧伤，心里就难过。母亲自己的婚姻也由父母包办，但夫婿老实厚道，一心过日子，她更为婶婶的婚姻感到不平。

强扭的瓜不甜，硬拴在一起的婚姻不幸，叔叔以回京找工作为由，让杨扶青爷爷在不明就里的情况下带他去了台湾。从此，叔叔一直不再见自己的母亲和那位可怜的妻子。他一度不愿再辜负妻子对自己的疼爱，她那双美丽的眼睛也曾在心底激起爱的波澜，但他又觉得太对不起赵湘云，就即刻关闭了对妻子的那份情感。对自己的母亲，他自然感受过"谁言寸草心，报得三春晖"那种母爱的博大。他去台湾之前，向他的母亲辞别，言谈中流露出对她破坏自己与赵湘云情感的不满。但老人坚持子女婚姻大事，不能违背"父母之命，媒妁之言"的古训。听到这些，他满腹的积怨突然爆发，竟撕肝裂肺般对自己的母亲咆哮："媳妇是您的，您就跟她过一辈子吧！"

叔叔不敢向婶婶诀别，因为怕被那双纯洁温柔的眼睛拴住。

我是在抗日战争快要结束时见到婶婶的。祖母那时在天津住些日子，就回昌黎，母亲说，祖母不喜欢天津、北京，最喜欢在昌黎老宅里生活，在那里有她鳏居的哥哥，你得叫舅爷，还有叔叔的妻子你的婶婶，乡下还有一座大院子，不像城里喧闹。后来我懂得，为了不让婶婶孤独难堪，祖母放弃天津和北京两地舒适富裕的生活，为自己拆散叔叔的婚姻而赎罪，特别对不起守活寡的婶婶，她愿用一生的陪伴减轻儿媳的痛苦。祖母原可把婶婶接到天津或北京，与我们住到一起，但明事理的婶婶婉拒了祖母的好意，用她自己的话说："一个乡下女子，不愿到花花世界迷眼乱心，守着这份安宁挺好。"

母亲在父亲忙时，常来往天津和昌黎之间接送祖母。昌黎城的故居后门可通汇文中学。舅爷把院子收拾得利利索索，前院还开了个糖坊，那是用红薯熬饴糖的作坊。舅爷主干，祖母和婶婶得便时也帮帮忙。婶婶出身书香门第，后到县里汇文中学读到初中毕业。到十六岁，按那里的风俗，女孩子就要养在深闺里。因都做生意，其父与我祖父相识。一日，有一客商到我家，听说叔叔在燕京大学读书，尚未婚配，便自愿当月下老，牵红线做媒。于是把婶婶说给祖母听。巧得很，有一次祖母到汇文中学医务室找美国医生杰克取药，正碰到婶婶因上体育课磕破了膝，医生给她上药。婶婶见祖母，忙站起身，把椅子留给祖母坐。祖母见婶婶身材苗条，长得俊俏，举止文雅，顺便问了句："姑娘是哪里人？"婶婶大方地回答是卢龙巨商之女。现有人保媒，祖母便对保媒者说:"儿女婚姻大事,容我们再了解了解,到时再请先生做大媒。"

祖父忙于做生意,就让祖母做主。祖母让舅爷赶着骡车到卢龙跑了几趟,访亲问友,得到的信息,对婶婶其家其人皆是啧啧夸赞。她觉得这门亲事,应当没有辱没家门,便备厚礼订下这门亲事。孰料,没有征得叔叔同意,硬促成的婚事,却伤害了两个无辜的年轻人。祖母自信而任性,这苦果生生地吞下去,也不改弦更张,说句软话。除逢年过节时,亲自把婶婶送到娘家,然后由我父亲接到北京或天津与我们团聚十天半月,大部时间带着婶婶在昌黎过自己的日子。母亲说,祖母不带婶婶到北京、天津与大家生活,一是婶婶不同意,怕大家见面彼此尴尬。婶婶同母亲说,我不愿意让人把我当成鲁迅的朱安,没有尊严地苟活。二是祖母总觉得因自己的任性,让婶婶守了活寡,自己愿意把婶婶当闺女,让她自己选择生活,只要她不主动离开这个家,就以一生陪伴来偿还这一罪孽。婶婶怕辜负了老人的疼爱,先过着日子,再择机而动。母亲每说"两个可怜的女人啊"时,总是落泪。

我一直到六岁都未见过婶婶,却常常收到婶婶给我缝制的棉衣棉裤,尽管太土,不断遭到小朋友的嘲笑,但我感受到婶婶送给我的温暖。有一次,我与杨二到英租界去游泳。在更衣室,我脱掉外衣,露出大红的肚兜。

杨二看着我,哧哧地笑:"小少爷,您这是清朝传下来的吧!"

我很高兴地说:"婶婶给我做的,我喜欢!"

在我的不断央求下，六岁时的一个夏天，母亲同意带我到家乡看婶婶。我们下了火车，出后封台车站出口，母亲先喊了声"舅爷"，便对我说快叫舅爷。舅爷有六十岁吧，很壮实，憨厚而慈祥。在他身后，站着一个与章老师年纪相仿的年轻女人，端庄而美丽，她甜甜地笑着，那双清澈妖媚的眼睛，就是母亲常说的"你婶婶有双丹凤眼"吧。

她拉着我的手："都这么大了！"

舅爷赶着胶轮骡车，不一会儿就到了有着雕花的门楼前，我们下了车。祖母已站在墨绿色绘着彩色图案的二门等我们。

一见我，祖母就说："瘦驴恋野花，孙子思故乡啊！"

婶婶笑了："娘，人家刘长卿的诗是'瘦马恋秋草，征人思故乡'。"

祖母也笑："你当我不知？逗俺孙子呢，俺孙子五岁，可背唐诗三百首。"然后问我："祖母说得对吗？"

我不能输给婶婶，便说："刚才那诗叫《代边将有怀》。"

祖母让厨师给我们做了一桌家乡味十足的饭菜。有炸千子、煎闷子、烩豆片、酱豆腐、爆河虾、烧肚片、炖鲫鱼等菜肴，主食黏豆包、粳米饭。席间，婶婶问："你最爱吃什么？"我说："酱豆腐、炖鲫鱼。"祖母说："那是你婶婶的手艺。"

第二天，舅爷赶车送母亲去昌黎料理生意上的事，把我交给婶婶五天。婶婶带我出后门，到沙河边游玩。这条沙河水浅而流缓，宽宽沙滩有洁白的细沙，用手挖半尺深，便有清澈的水涌满。婶婶说，夏天的黄昏，男人们洗完澡后，月亮升起来时，河滩上成了女人的世界，大姑娘小媳妇成群结队地带着毛巾来这里，用手挖个大大的沙坑，做成天然的澡盆。人躺在里面，看看弯弯的月亮，真是十分惬意的享受。

那天无风，干热，在月上中天的时候，祖母、婶婶带着我和用人阿香，拿着毛巾去沙河滩去洗浴。他们知城里人睡得晚，大约农家都睡了，我们才出门。到了离村落较远的沙河畔一片宽阔的白色沙滩，我们各自挖出一个浴盆大小的沙窝。我拒绝了阿香的帮助，自己动手学着挖的。待清澈的一汪水满了，大家纷纷脱衣入浴。婶婶离我最近，说村里人都很古朴，自古都恪守男女分时洗浴的习俗。婶婶一身如雪，在月光下，如凝脂玉雕一般美丽。别看阿香也就十八九岁，帮助祖母入浴后，躲得远远地洗浴，毕竟我是男人。沙河水浅而窄，无声地在宽阔的河滩流淌。婶婶边洗浴边小声哼唱："西风乍起黄叶飘，日夕疏林杪。花事匆匆，梦影迢迢，零落凭谁吊？"我听章老师和母亲唱过，是李叔同大师的名歌《悲秋》。章老师说，这首歌吟出一种青春逝去的悲凉和内心的孤独惆怅……

那晚，我睡在婶婶的屋里，那是由三间北房组成的相对独立的小院，离祖母住的那五大间正房不远，有一小走廊相连。三房是一明两暗，中间是客厅，西房为书房，原是为叔叔准备的。东为卧室，就是我和婶婶下榻的房子。这三间房是叔叔婶婶的婚房。屋里家具，清一色黄花梨木所制，错落有致地各归其位。屋里铺着木地板，迄今仍散发着桐油的香味。婶婶的卧室里，整面墙的木格窗上镶着两块大玻璃，小院的花树一览无余。窗下有一个炕，曾经的新婚铺盖整齐地码在紫檀的炕柜上。这里的衣橱、梳妆台、长案都是紫檀的。母亲曾说，这是婶婶家为女儿特制的陪嫁，雅致又有贵族气，与你婶婶很相配。

夏天，满炕上铺着藤皮编的凉席，挂着整炕的蚊帐。屋里亮着乡间罕见的电灯。东北朋友送给祖父一台日本柴油发电机，安装在后院的大车库里，从昌黎县城请了个技师，负责发电。我家后院很大，逢年过节，常竖起秋千，搭上戏台，有电灯照明供村民观看平调、落子。

我和婶婶躺在炕上，听她讲在汇文中学读书时的故事。婶婶说，汇文中学是美式学校，很开放，上体育必须穿统一的运动服。那时人还很封建，不好意思穿露胳膊大腿的洋式衣服。她们宿舍四个女生，都是大家闺秀，能抛头露面来男女混校读书，已很开明了，但若十六七岁的大闺女露出大腿，会被视为不正经，遭人唾骂。上体育课前，校方发了短袖、短裤运动服，美籍体育老师说，明天上体育课，有外校参观，为整齐起见，全班不分男女，都必须穿运动服。第二天，体育老师到操场一看，男生照做了，女生竟无一人换装。见状，体育老师对女生说："同学们，为什么外国人称你们是东亚病夫？你看，连强身健体的体育运动你们都拒绝。
要知道，你们在拒绝文明，拒绝民族的崛起。"婶婶听了，自己回
到宿舍，换上短衫、短裤，大大方方地回到操场，老师和男生都
鼓掌赞许。婶婶说，时代在发展，妇女不能落后，她剪了辫子，
放了天足，扯掉束胸的长布，换上线袜、皮鞋、球鞋，积极报名
参加学校各种文艺社团。她说："你太小，不懂我们女性要挣脱封
建束缚有多难。娜拉要走出来，又有多难。但是命运又让她离开
文明的学校，回到旧生活、旧习惯、旧文明中来了……"

　　我在婶婶长吁短叹地诅咒生活充满幽怨和困惑的话语中，沉
沉地睡了。那夜，我梦见一轮圆月被乌云遮蔽，我喊婶婶快跑……

　　早晨醒来时，婶婶已不在炕上。透过木格纸窗上的玻璃，我
看到细雨在飘洒。走过长廊到小饭堂，婶婶帮我洗漱完，叫阿香
端上浓浓的豆浆和用鲜玉米浆烙的葱花饼和香喷喷的红豆小米粥。
祖母一到，我们就共用早餐。

　　婶婶说，今天咱们在我屋里读书写字。母亲说过，婶婶天资
聪慧，幼时与族人读私塾，有一肚子四书五经、诗词歌赋，到汇
文中学读书，各门功课不让须眉，常常名列三甲，她写的秀丽谐
美的文章，常发表在校文艺刊物、天津《益世报》和桂林的《野草》
上。我在书房里看到了《益世报》和《野草》，婶婶的笔名用的是
"子竽"，与名字"婕好"相谐。

　　窗外的雨小了，我提出雨中去村东那座小庙走走。母亲说庙

不大，是祖父年轻时，赚了大钱，感谢上苍恩惠修建的，供的却是土地神，表示对故土的眷恋吧。我们撑着油纸雨伞，刚推开大门，见一个年轻男人打着布伞站在那里，婶婶拉着我手的手突然一抖。这个戴着眼镜的英俊青年，是祖母表姐的独生子，在沈阳教书，每到寒暑假总要到这里住几天，问候祖母和舅爷。听母亲说，近两年他来得勤，住的时间也长。他与祖母同姓耿，叫耿雨轩，年已三十出头，至今未婚。原来祖母总牵挂他的婚事，给他说了几个，他都借故推托。来得勤了，婶婶也与他熟了，祖母说，就称雨轩表哥吧，他比泰昌大两岁。

我看出来了，婶婶看耿叔的眼神很温柔，脸上常飞出红润。祖母将耿叔安顿在她西头的客房里，打发阿香去客房支上蚊帐。阿香说："少奶奶，已支好了。"祖母抚摩着我的头，一语双关地说："你婶婶是有心人。"

这几天，我一直有耿叔叔与婶婶的陪伴。在晨曦中，我看向东方紫色的碣石山，说魏武帝曹操在北征乌桓凯旋后，登上碣石山，留下"东临碣石，以观沧海"的诗文。我看翠绿的凤凰岭，看沙河远方的暮色。堂屋灯下，我看祖母、婶婶、耿叔叔、舅爷在八仙桌上玩麻将时说话，看祖母偷牌、舅爷赖账、婶婶与耿叔叔眉来眼去……

在我的坚持下，征得母亲同意，我在老家住了六个月。怕我耽误学业，婶婶送我到村南大庙改成的小学里，弄了一个书桌，每天去读书。一位老先生教的文化，我大体都会，因此常善意地装疯卖傻，弄得老先生偶尔向婶婶告状。

很快，归期快到，舅爷赶车，婶婶、耿叔叔把我送到昌黎县城的宅院，然后母亲带着我从昌黎乘火车西行。火车开动时，我看见婶婶在不断地挥手，那丹凤眼里贮满了晶莹的泪水。

在火车上，我打开婶婶送给我的小包，里面是一件草编的蓑衣，母亲接过去，说这是防雨雪的蓑衣，是用细麻茎和高粱秆上半干的叶子编织成的。它薄而轻巧，结实耐用，多大的雨也淋不透。到天津别墅后，我把蓑衣挂在客厅的墙上，总会引客人鉴赏一番。

9 月底，汪泰昌叔叔到天津时，看到婶婶织的蓑衣，沉默不语。叔叔不让我们将他回天津、北京的消息告诉祖母。父亲偷偷告诉母亲，叔叔此次离开台湾回大陆，是要到北京会见赵湘云的。

我早就听说赵湘云阿姨的父亲，在抗战的 1943 年春，随远征军打通中印公路，又于次年 5 月，参与卫立煌统率的滇西远征军强渡怒江，一路破敌。5 月 20 日攻克中缅边陲重镇畹町时，赵湘云父亲受重伤，经军医拯救，保住性命，康复后，于 1945 年调往第三方面军，又于当年 5 月 1 日攻克湘西武阳。四天后，赵将军与四方面军以合围之势，向退至神仙坛、茅柴领地区的日军发起总攻。9 日，日军第二十军面临被围歼危险，被迫全面撤退。中国军队乘胜追击，在湘西会战大败日军的时候，赵将军再次负伤，脱离部队，到军队医院救治。抗战胜利后，赵将军又转到故里北京协和医院疗养。一直在云南昆明西南联大执教的赵湘云闻讯，即飞到北京，父女团圆。从杨扶青那里，叔叔得到一直失联的赵姨的消息，有了此次天津、北京之行。

据母亲说，她曾代表祖父去协和医院看望赵姨和她的父亲。在谈到与叔叔的那段情缘时，赵湘云非常冷静而坚定地说，她一直单身，并不是还留恋与叔叔曾经的感情，而是那段山盟海誓的恋情是如此不堪一击。从此，她不再相信爱情和婚姻。

叔叔到协和，给老人献上了一束鲜花和一堆补品时，真心地道出自己的人性弱点，请老人原谅他的怯懦。在战场叱咤风云的老人，流着老泪说："你深深地伤害了湘云！"

北京的六国饭店已失去了往昔的尊贵，略显苍凉。现在，他们两人隔桌相对，彼此沉默，毕竟时间已把他们风化成沧桑的理性的中年人。叔叔眼里有太多的内疚和不泯的希望，赵姨那清澈的眼里，也盛满了谅解与平和。最后，两人淡淡一笑，都真诚地祝福对方生活静好。后来，祖父听母亲这般描绘，叹了口气说：弘一大师晚年说"悲欣交集"，悉心研味，还真是"悲欣交集"呀。

叔叔在回台湾的前夜，与母亲和章老师谈到很晚，看到叔叔一脸的疲惫和伤感，我想也多陪他一会儿。我听到叔叔说："我这一生，总是活在自我里，来平津之前，得到湘云的消息，我彻夜难眠。我曾幻想，我抛妻舍母，一直等待湘云，她应该原谅我被母亲所迫，与婕好拜堂。结果，我与湘云再度重逢，又发现我一错再错，不该一厢情愿地奢望重归于好，我的一生，是失败的一生。"

章老师等叔叔凄恻地表述之后，说："我从小在英国长大，受西方教育多年，但我不信奉上帝，只相信命运。我至今不知家庭在哪儿，生父是谁，我失去了家庭的温暖，看到的只是母亲的眼泪。但我得到你们一家人无微不至的关爱。人生总有所失，也总有所得。雨果说过，'世界上最宽阔的东西是海洋，比海洋更宽的是天空，比天空更宽阔的是人的胸怀'。泰昌哥为了忘却，不愿留在大陆，但愿你回到台湾开始新的生活。等过两年我去台湾时，能看到泰昌哥有了新的恋人、新的家。"

我熬不过成年人，瞌睡虫把我带到梦里，我习惯性地沉睡在母亲的怀抱。

每每提起叔叔和婶婶、赵湘云阿姨的那段感情纠葛，祖父总是用北宋诗人李觏的《璧月》来概括："璧月迢迢出暮山，素娥心事问应难。世间最解悲圆缺，只有方诸泪不干。"我那篇写叔叔感情生活的文章，名为《素娥心事问应难》。

到了 1948 年 2 月 18 日，我从《益世报》上看到一则消息："美国总统杜鲁门致国会咨文中，提出以五亿七千万美元援华。"到了 24 日，又有一则消息："国府开始实施《五市粮食配售通则》。按通则规定，国民政府准备以等量粮食配合美国救济在平、津、穗、沪、京（南京）五大城市实施全面配售。由于数月以来粮价一涨再涨，每石米价高达二百二十万以上，国府不得不实施配售。"

祖父在饭桌上说："平安思危，危则虑安。天下黎民要过苦日子了。"

母亲的消息，则令祖父一惊："昨夜接昌黎婆母的电报，说建好征得婆母的同意，解除与泰昌的婚约，已与耿雨轩去沈阳，其父母已拟近日给他们办婚事。婆母说，料理家务后，即回北平百花深处。"在这之前，母亲早就接到婶婶的长信，说她在汪家守活寡八年，虽内心凄楚，常在夜间以泪洗面，却得到婆家特别是婆母如待闺女般的疼爱，让她守住良知和清白。她注意到，近两年婆母有意促成她与雨轩的情缘。恩情似海，几年共同生活，婆媳和睦，亲如母女，她突然离开老人，又难分难舍云云。

吃惊的祖父，沉默了一会儿，似自言自语："人世一大梦，俯仰百变，无足怪者。事如芳草春长在，人似浮云影不留。可怜的孩子，总算解脱了。"祖父那一贯波澜不惊的眼神里，有温存在闪烁。

听到婶婶离开祖母远去了，我想起婶婶看我时流溢母性温柔的目光，哭了。我让母亲从墙上摘下那件作为装饰品的蓑衣披在身上，我感到了一股暖流，柔柔的，很温暖。母亲也闪着泪花，搂着我。我抬头问："我们能参加婶婶的婚礼吗？"

婶婶定在 6 月在沈阳与耿雨轩举行结婚典礼，几次来信邀母亲和我参加。原等母亲和家人商量，祖父、祖母认为，应以娘家人由母亲出席。但到 5 月 25 日，父亲特意从北京到天津，说，据报载，25 日华北野战军攻占发动晋中战役，华东野战军攻占山东曲阜，东北野战军第十一纵队已攻打热河，东北沈阳解放，已成定局，铁路时通时断，非常不安全。我们只好取消沈阳之行。

但万万没想到，6 月初，婶婶婕好与丈夫耿雨轩，竟化装成逃难的农民，一路经历风险，来到北平百花深处。祖母将汪上的土地房舍赠给祖父的兄弟后，由父亲接到北平，永久地住进百花深处四合院。曾经婆媳，如今的母亲与新嫁娘相见，免不了相拥而泣。一双新人，跪在地上给祖母磕头。他们说，没有您老人家的仁慈和怜爱，就没有他们的这桩姻缘。他们在百花深处住了三天，第二天由阿香带他们去协和医院看赵湘云和她已瘫痪的父亲。赵湘云一开始未认出这对农民装束的男女，但由阿香引来，她突然明白站在面前这个俊俏的有着丹凤眼的女人是谁了。她莫名地激动，脱口说出："你是婕好！"几乎是同时，婕好向着优雅的赵湘云喊出："湘云姐姐！"

岁月磨去了年轻的率性和任性，八年后再度相见，竟如久别老友重逢般欢愉。赵湘云说："我看出来，妹妹已重组家庭。泰昌来信说，他也成了家，祝贺你俩找到幸福。当然，我习惯一个人自由自在，不受家庭羁绊地过个人的生活，各得其所，也是天意。"

后来祖母对母亲说，有了新生活滋润的婕好，又恢复了娇妍的容颜，看到她的幸福模样，制造冤孽的我，心情轻松了许多。

祖母拿出婶婶为她缝制的一件紫色绣花缎面坎肩，说："这孩子是
个善良知礼的女人。"

婶婶走时，祖母让阿香叫了一辆三轮车，眼泪汪汪地目送一
对新人远去。

后来，我又两次见到婶婶。一次是 1956 年。赵湘云虽安葬了
父亲，但她父亲国军将领的身份，在天天讲阶级斗争的年代，还
是给她带来了巨大的麻烦，生活工作深受歧视。耿直单纯的赵姨，
有机会就为父亲辩解：他在抗战前线负伤，解放战争中他躺在病床
上，怎么会成为反动军人呢？有时不免带点儿情绪，于是，她在
反右斗争中被划成右派，在屈辱、愤慨、绝望中选择自尽，捍卫
自己的尊严。

因为在北京与善良的婶婶见过面，二人就有了长期鸿雁传书
的关系。婶婶从她的信中，发现她处境的苦楚，不断安慰开导，
在最后一封看到"绝笔"二字时，她独自一人来到北京百花深处。
可惜来迟了，赵姨的尸体已被单位送到殡仪馆火化，骨灰等人去
领。婶婶来时匆匆，并没有带够安葬赵姨的钱，她偷偷把耿雨轩
与她定情的金手镯当掉，在京西郊购得一块墓地，连同赵姨放在
屋里父亲的骨灰一起安葬。墓碑上刻着"赵湘云父女之墓"。赵姨
单位没有来人，只有从天津乘火车连夜赶到北京的我。家人都埋
怨婶婶到安葬那天才通知他们。母亲说，汪家的晚辈中只有你认

识婶婶和赵姨，你代表我们吧。

墓地在潭柘寺西，不远处有一片败落的梨树林，雪白的梨花在山风和夕阳中纷纷飘落，一派凄凉。婶婶哭得很伤心，山风吹起她单薄的蓝布衫和满头的黑发，十五岁的我对于生离死别的场面有些不知所措。

另一次见婶婶，是 1959 年冬天，那时我已由天津转学到北京读高中。因自然灾害和经济失调，我国经历了大饥馑的困难时期，我们都按定量吃饭，像我这样"半大小子，吃穷老子"的年岁，尝到了吃不饱的滋味。忽有一个大雪纷飞的晚上，有人推开百花深处的木门，是婶婶。只见她背着一麻袋东西，佝偻着身子走进来。她怕老人和我挨饿，特把省吃俭用积攒下的粮食和一把全国粮票带给我们，看着她那落满雪花的有些弯曲的身体，有些沧桑却依然笑得美的脸庞，我们全家感动得落泪。

婶婶说，耿雨轩教书，她在街道工厂上班，他们的日子虽然不红火，却也丰衣足食。

祖父见到婶婶，很少说话，总是疼爱地看着她，小声对我说："'人生贵相知，何必金与钱'，孙子，懂吗？"

我说："祖父说的莫非是李白《赠友人三首》中的句子吗？"

祖父笑了："你婶婶做到了！"

婶婶临走时，祖父让我送到北京火车站，并偷偷给我一个布袋，嘱咐说："这里有两根金条，补贴你婶婶的生活。孩子不容易呀！我估计以她的性格，她不会要，你要做的，是一定让她收下。"说罢，祖父拍了拍我。

果如祖父所料，不管我怎么说，婶婶都坚拒不收。

最后，我整出一句话："婶婶，说实话，这是祖母早就给您准备好的嫁妆，您不收，那就没把祖母当成娘。"婶婶落了泪，收下了。

到了1966年底，"文化大革命"风暴席卷全国，大资本家祖父和祖母都在横扫之列，八十多岁的二老被押到离后封台一站之地的安山劳改。不久，父母也被轰到老家汪上村，监督劳动。远在沈阳的婶婶闻之，立刻带着衣物粮食赶到安山。耿雨轩正被学生批斗，不能回来。她身为工人，红卫兵不敢造次。婶婶花钱请人给两个老人修补了漏风漏雨的破房，砌好灶台，搭好土炕，买了锅碗瓢盆，陪住了半个多月。

后来，杨扶青爷爷将祖父的情况向某位中央领导做了汇报。在这位领导的安排下，祖父祖母重回百花深处，可以出席政协等社会活动。父亲和母亲又住进遂安伯小院。一次，在人民大会堂，杨扶青与祖父见到这位领导。领导还特意对祖父说，与我们1959年在人大会堂见面，过去了八年了，您老依然硬朗呀！

改革开放之后，身无子女的婶婶与耿雨轩相继终老。让我痛惜和不安的是，我当时在国外访问，未能给婶婶献上一朵白花。

20世纪90年代中期，我和夫人、女儿，到台湾台北光复道看望年已九十多的泰昌叔叔。叔侄见面总要说起往事，我们都很伤感。他说，祖父曾写信告诉他婶婶与耿雨轩重组家庭的事情。他老泪纵横地说："我一生都亏欠婕好，是我们毁了她的青春。"

我问起章老师。叔叔说，君子重然诺，你祖父对当事人发过誓，一生都不会向任何人说出你章老师的身世，我和你父亲也从不过问。你章老师身世可怜，但懂事的她也从不过问自己的生父和家族，只说把汪家当成了自己的家。她曾对我说，她不相信上帝，但听命于命运的安排。

叔叔说，1989 年夏，你章老师因癌症被送进医院，病危前，英国律师的儿子带着瑞士银行一个专用账户的文件，来到她的病榻前，最后履行代理责任。按原存款人的约定，只要受惠人签上自己的名字，此户头的余款即全部转到原存款人的账户上。她第一次也是最后一次在一份合同上签字时，突然发现拉丁文合同上赫然出现三个用毛笔写的汉字"汪华堂"。她苍白而平静的脸上那双仍清澈的眼睛，掠过一丝惊讶和感恩的神色，在与人世诀别时，她用法语背诵了莫泊桑的名句，"人如果不能哭出来，最后免不了要疯狂或者死亡"，然后永远地闭上了那双清澈明丽的眼睛。